Contraste insuffisant
NF Z 43-120-14

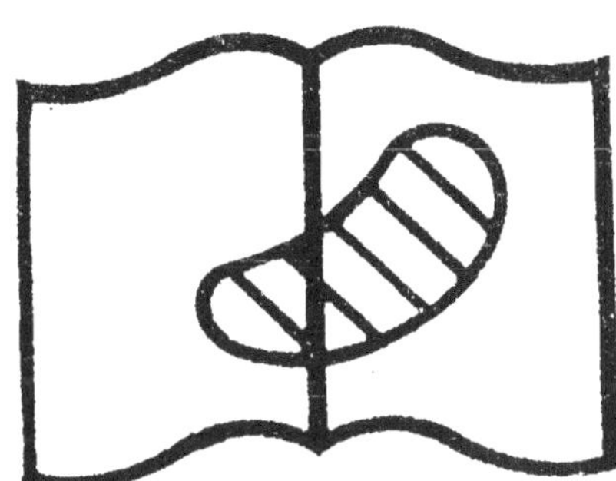

Illisibilité partielle

VALABLE POUR TOUT OU PARTIE DU
DOCUMENT REPRODUIT.

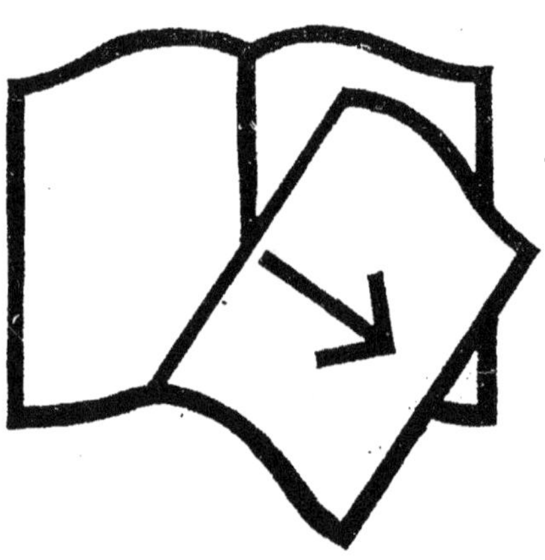

Couverture inférieure manquante

Original en couleur

NF Z 43-120-8

LES

Anciens Livres liturgiques

DU DIOCÈSE D'ÉVREUX

Essai bibliographique

PAR

LE CHANOINE PORÉE,

Curé de Bournainville

ARCHIVISTE DIOCÉSAIN

ÉVREUX

IMPRIMERIE DE L'EURE

—

1904 (21)

LES

Anciens Livres liturgiques

DU DIOCÈSE D'ÉVREUX

Essai bibliographique

PAR

LE CHANOINE PORÉE

Curé de Bournainville

ARCHIVISTE DIOCÉSAIN

ÉVREUX

IMPRIMERIE DE L'EURE

1904

LES
ANCIENS LIVRES LITURGIQUES
DU DIOCÈSE D'ÉVREUX

ESSAI BIBLIOGRAPHIQUE

Les études liturgiques, longtemps négligées, ont repris faveur et sont devenues, de nos jours, l'objet de nombreuses et savantes recherches. En Angleterre, en Allemagne, en France, on s'est appliqué à recueillir les documents; on a publié d'antiques sacramentaires, réimprimé des missels et des bréviaires (1), dressé de vastes répertoires d'hymnes et de séquences. Il suffira de rappeler les travaux de MM. Daniel, Mone, Weale, Dreves, Baeumer, Milchsack, Julian, Delisle, Duchesne, Gautier, Misset, Battifol, U. Chevalier, et des Bénédictins de Solesmes (2).

---

(1) On a réimprimé un Bréviaire de Lescar, de 1541, et à Cambridge, en 1888, le Bréviaire du cardinal Quignonez, édition de Venise de 1535. La « Henry Bradshaw Society » a été fondée en Angleterre pour la recherche et la reproduction des œuvres rares se rapportant à la liturgie.

(2) Daniel, *Codex liturgicus*, Leipzig, 1846-1853, 4 vol, in-8°; *Thesaurus hymnologicus*, 3 vol. 1841-1856. — Mone, *Lateinische und griechische Messen aus 2 ten bis 6 ten Jahrh*. Frankfurt a. M. 1850; *Hymni latini medii aevi*. Freiburg, 1853-1855, 3 vol in-8°. — Weale, *Catalogus missalium ritus latini ab anno M.CCCC.LXXV impressorum*. Londini, 1886, in-8°. — Dreves, *Analecta hymnica medii aevi*. Leipzig, 1887-1892, 13 vol. in-8°. — Milchsack, *Hymni et Sequentiæ*. Leipzig, 1886, in-4°. — Julian, *A Dictionary of hymnology*. Londres, 1892, in-8°. — Baeumer, *De officii seu cursus Romani origine*. 1889; *Beitrage zur Geschichte des Breviers*. Mayence, 1889-1891. — Delisle, *Mémoire sur d'anciens sacramentaires*. Paris, 1886, in-4°. — Duchesne, *Origines du culte chrétien*. Paris, 1903, 3ᵉ édit. in-8°. — Gautier, *Histoire de la poésie litur-*

Cet étrange délaissement dans lequel la science liturgique était demeurée tenait surtout, on l'a dit, à la rareté et à la dispersion des monuments écrits qui en sont la base. « Les missels incunables des simples évêchés ne se retrouvent souvent que par unité; bon nombre ne sont connus que par une mention déjà ancienne..... Si nous remontons plus haut, à l'époque où la plume des copistes était fréquemment occupée a transcrire et à enluminer des Sacramentaires, des Missels, des Bréviaires etc., on est effrayé de la pénurie dans laquelle le moyen âge nous a laissés en fait de livres liturgiques. Si nous voulons dépasser l'époque carolingienne, qui fut si remarquable au point de vue liturgique, nous errons dans une obscurité presque complète (1). »

L'Eglise d'Evreux ne possède pas de monuments liturgiques d'une haute antiquité, mais elle peut offrir, à partir du xiiie siècle, un ensemble d'une réelle richesse; ses Missels, Bréviaires, Coutumiers, Obituaires sont nombreux et intéressants.

L'Ordinaire de la cathédrale d'Evreux, qui remonte au xive siècle et renferme des usages beaucoup plus anciens, est un document de la plus grande valeur pour notre histoire liturgique; il mériterait d'être publié.

M. le chanoine Ulysse Chevalier a édité les Ordinaires de Reims, de Laon et de Bayeux. Grâce à ces belles publications, nous connaissons en détail les cérémonies imposantes, les offices propres, les processions, les usages pieux, en un mot tout ce qui caractérisait la piété catholique au moyen âge. On y voit, notamment, le goût prononcé de nos aïeux pour les proses ou séquences qui donnaient aux offices publics tant d'accent, de relief et de variété.

---

gique au moyen âge. I., les Tropes. Paris, 1886, in-8° — Misset, *Essai philologique et littéraire sur les Œuvres d'Adam de Saint-Victor*. 1882, in-8°; Misset et J. Weale, *Analecta liturgica*, Fasc. 1 à 16. Bruges, 1888-1903; Misset et Aubry, *Les Proses d'Adam de Saint-Victor*. Paris, 1901; in-4° — Battifol, *Histoire du Bréviaire Romain*. Paris, 1894, in-12°. — U. Chevalier, *Repertorium hymnologicum*. Louvain, 1890-1892, in-8°; *Poésie liturgique du moyen âge*. Paris, 1893, gr. in-8°; *Poésie liturgique traditionnelle dans l'Eglise catholique en Occident*. Tournai, 1894, in-8°. — Ouvrages liturgiques de D. Guéranger et de D. Pitra; *Paléographie musicale de Solesmes*. — A. Colette, *Histoire du Bréviaire de Rouen*. Rouen, 1902, in-8°.

(1) Chan. Ulysse Chevalier, *Poésie liturgique traditionnelle dans l'Eglise catholique en Occident*. Tournai, 1894, in-8°. Introd. pages iv et v.

Les missels et graduels d'Evreux, du XIIIe au XVIe siècle, renfermaient une centaine de proses (1). D'autres missels en possédaient davantage. En voyant cette richesse et cette profusion, on ne peut que regretter que nos offices aient été dépouillés de toutes ces œuvres poétiques. La plupart de ces séquences étaient antérieures de plus de deux siècles à la réforme ordonnée par le Concile de Trente et effectuée par saint Pie V. Elles étaient donc, d'après la lettre même de la Bulle de ce Pontife (2), en dehors de toute condamnation, et l'Eglise pourrait, sans se déjuger, leur rendre dans les offices liturgiques propres aux diocèses la place qu'elles avaient si longtemps occupée. « Espérons, dit M. le chanoine U. Chevalier, que le XXe siècle verra s'achever l'exhumation des morceaux poétiques des liturgies anciennes, et que nos offices propres, débarrassés complètement des parties de rédaction récente, sans appui dans le passé, deviendront la glorification de la littérature liturgique du moyen âge (3). »

C'est dans l'espoir de rendre service aux amis de la science liturgique que nous leur offrons un répertoire des livres qui subsistent encore, malgré tant de déplorables destructions, de l'ancienne liturgie d'Evreux. Nous l'avons fait suivre de ce qui appartenait à la liturgie propre des établissements monastiques compris dans l'étendue du diocèse actuel d'Evreux.

Pour l'exécution de notre travail nous avons largement puisé dans le *Catalogue général des manuscrits des Bibliothèques publiques*, rédigé par M. Henri Omont, membre de l'Institut (4); nous ne pouvions choisir un guide plus sûr.

---

(1) Le missel de Rodez en contenait 158; Dublin, 122; Coutances, 110; Saint-Pol-de-Léon, 107; Saint-Brieuc, 104; Célestins de Paris, 103; Angers, 99, etc. (Chan. U. Chevalier, *Poésie liturg. tradit.* Introd. pag. LXII.

(2) « ..... Nisi ab ipsa prima institutione a Sede Apostolica approbata, vel consuetudine quæ, vel ipsa institutio, super ducentos annos missarum celebrandarum in eisdem Ecclesiis assidue observata sit : a quibus ut præfatam celebrandi constitutionem vel consuetudinem nequaquam auferimus. » Bulle *Quo primum*, du 14 juillet 1570.

(3) Chan. U. Chevalier, *Sacramentaire et martyrologe de Saint-Rémy de Reims*. Paris, 1900, in-8. Introd. pag. LXXII.

(4) M. Omont a bien voulu nous fournir encore d'autres précieuses indications; nous l'en remercions sincèrement. M. le chanoine Dubois, curé de Notre-Dame de Verneuil, a mis à notre disposition, avec une obligeance dont nous lui sommes très reconnaissant, sa bibliothèque liturgique renfermant quelques livres extrêmement rares.

Nous avons également consulté avec fruit le *Catalogus missalium ritus latini ab anno 1475 impressorum*, dressé avec tant
de soin par M. J. Weale, ainsi que le *Manuel du bibliographe normand* d'Edouard Frère. Ajoutons que nous avons
examiné nous même bon nombre des manuscrits indiqués,
et presque tous les livres imprimés dont nous donnons la
nomenclature.

Après avoir sommairement décrit chacun de ces livres, nous
ajoutons les indications de provenance, et les particularités les
plus caractéristiques notamment en ce qui concerne saint
Taurin, premier évêque d'Evreux, dont l'office offrait néces-
sairement une plus grande originalité.

On peut ramener à quatre catégories les nombreux livres
liturgiques du moyen âge. — I. *Missale; Epistolarium et
Evangeliarium; Graduale; Processionale* (1). — II. *Breviarium; Legendarium; Vitæ sanctorum; Collectarium;
Psalterium cum canticis et hymnis; Antiphonarium; Martyrologium; Obituarium; Calendarium.* — III. *Ordo servicii*
ou *Ordinarium.* — IV. *Pontificale, Manuale, Rituale.*

Il va sans dire que la liste que nous présentons ici n'est que
provisoire, qu'elle demeure ouverte, et que nous recevrons
avec reconnaissance toutes les indications que l'on voudra
bien nous adresser en vue de l'améliorer et de la compléter.

MANUSCRITS

Missale.

1. — Missale Ebroicense. Calendrier avec les saints du
diocèse; nombreuses mentions d'obits qui ont été publiés
dans les *Historiens de France*, xxiii, 460 et suiv. Ce missel
est selon l'ordre romain; les pièces à chanter sont notées.

Fol. 228. « Sancti Taurini episcopi et confessoris .» Messe
Statuit. « Oratio. Omnipotens sempiterne Deus, qui meritis
sancti Taurini pontificis tui semper es ubique mirabilis, quesumus clemenciam tuam, ut sicut eminentem illi gloriam
contulisti, sic ad consequendam misericordiam tuam ejus nos
facias precibus adjuvari. Per. » Il n'y a pas de séquence à la
messe. Au vᵒ du 1ᵉʳ feuillet de garde, étiquette imprimée :
« *De Bibliotheca antiqua Capituli Ebroïcensis* », et en haut
du 1ᵉʳ feuillet, en écriture du xviᵉ siècle : « *Hoc missale per-*

---

(1) Le *Processionale* pourrait s'annexer au Bréviaire.

tinet ad ecclesiam cathedralem beate Marie Ebroicensis. Le Flament ».

xiiie siècle, parch., 283 ff. à 2 col., 295 sur 215 millim. Dem. rel. mod. (Bibl. nat., lat., Nouv. acq. 1773. Acquis des héritiers d'Aug. Le Prévost.)

2. — Missale à l'usage de l'église de Montaure, au diocèse d'Evreux. Au v° du fol. 1, deux notes relatives à la réconciliation par l'évêque d'Evreux de l'église de Montaure en 1450 et 1453. Miniature à pleine page au canon de la messe.

xiiie siècle, parch., 264 ff. à 2 col., 340 sur 230 millim. Rel. mod. (Bibl. de Rouen, 305. Abbaye de S.-Ouen de Rouen.)

3. — Missale Ebroicense. Calendrier avec les saints du diocèse; notation des pièces chantées. Petites miniatures. A la fin on lit : « *Iste liber est collegii pauperum magistrorum Parisius in theologia studentium, ex legato magistri Milonis de Corbolio; precium XVI[s]. Inter libros ecclesiastici officii xvj[us]* (1) ».

xiiie siècle, parch., 93 ff. à 2 col. 348 sur 240 millim. Rel. parch. vert. (Bibl. nat., lat., 15616. Fonds de la Sorbonne.)

4. — Diurnale ad usum Ebroicensem (2). Calendrier.
Fol. 6. « III° id. Augusti. Taurini episcopi Ebroicensis. Triplex. »
Fol. 83. « Sancti Taurini episcopi. Omnia de communi unius confessoris. Oratio. Aures clementie tue quesumus [Domine] inclina precibus nostris, ut qui sancti confessoris tui atque pontificis Taurini gaudemus solemnitate, ipso intercedente, mereamur fieri consortes celestis glorie. Per. Nulla memoria. »

Entre les ff. 108 et 111, se trouvent sur deux feuillets de papier des « Orationes tempore pestis, 1645-1648 », adressées aux « doyen et chanoines de l'église cathédralles d'Evreux ».

xv° siècle, parch., 125 ff. à 2 col. 290 sur 208 millim. Rel. veau, garnie de cuivre. (Bibl. d'Evreux, 94. Cathédrale d'Evreux.)

5. — Missale Ebroicense. Calendrier. Plusieurs grandes miniatures. A la fête de saint Taurin, avant l'Evangile, Prose : « Aula iocunditatis, alleluya. Statuit hodie, etc. »

---

(1) Sur Milon de Corbeil, mort en 1271, voir L. Delisle, *Le Cabinet des Manuscrits*, II, 163.

(2) Ce manuscrit est désigné comme missel dans le catalogue.

xve siècle. Parch. 208 ff. de 2 col. 368 sur 272 millim. Rel.
bois. (Bibl. d'Evreux, 98. Cathédrale d'Evreux.)

6. — Missale Ebroicense. Calendrier.

xve siècle. Parch. 249 ff. à 2 col. 375 sur 270 millim. Rel.
parch. (Bibl. de Rouen, 304.)

7. — Missale Ebroicense. Calendrier. Plusieurs grandes et
petites miniatures, avec les armes de Raoul du Fou, évêque
d'Evreux de 1479 à 1511, pour lequel il fut exécuté (1).

xve siècle, parch. 225 ff. à 2 col. 363 sur 263 millim. Rel.
veau gaufré. (Bibl. d'Evreux, 99. Cathédrale d'Evreux.)

8. — Missale Ebroicense. Calendrier. Initiales et bordures
peintes. Notation musicale de la Généalogie de Noël et de
l'Epiphanie, de la Passion aux jours des Rameaux et du Ven-
dredi-Saint, de l'Exultet.

Au fol. 327, office de saint Taurin. « Oratio. Aures clemencie tue, etc. » Séquence : « Aula iocunditatis, alleluya. Statuit
Dominus hodie, presulem urbis Ebroice, etc. »

xvie siècle, parch. 400 ff. à 2 col. 360 sur 250 millim. Dem.
rel. (Bibl. d'Evreux, 109. Cathédrale d'Evreux.)

Lectionarium.

9. — Lectionarium seu Epistolarium ad usum Ebroicensem.

xve siècle, parch. 114 ff. 295 sur 202 millim. Rel. peau
blanche. (Bibl. d'Evreux, 82.)

Graduale.

10. — Fragment d'un office de saint Taurin écrit dans la
double notation du ms. dit de Montpellier.

xie siècle. (Bibl. nat. lat. 989.)

11. — Graduale Ebroicense..... Josephus Duval, ejusdem
cathedralis Ebroicensis S. Christophori capellanus, scripsit
et restauravit. 1728.

---

(1) Raoul du Fou possédait plusieurs beaux livres liturgiques,
notamment un splendide missel qui avait auparavant appartenu à
Jacques Juvénal des Ursins, archevêque de Reims. Transporté
avec les livres du Chapitre dans le dépôt central du district
d'Evreux, le manuscrit fut respecté ; mais en l'an VIII, par un con-
cours de circonstances qu'il n'est guère aisé de déterminer, mais
que l'on s'explique, il devint la propriété du préfet Masson Saint-
Amand qui le vendit plus tard à Debruge-Dumesnil. Racheté
34,250 fr. par Ambroise-Firmin Didot, qui le céda à la ville de
Paris, ce missel fut brûlé dans les incendies de la Commune. Voir
Ambroise-Firmin Didot, *Le Missel de Jacques Juvénal des Ursins
cédé à la ville de Paris le 3 mai 1861.* — Paris, 1861, in-8°.

xvie siècle. (Réparé au xviiie.) Parch. 340 pages. 380 sur 280 millim. Rel. veau brun garni de cuivre, aux armes. (Bibl. d'Evreux, 107. Cathédrale d'Evreux.)

12. — Graduels de l'année. Sur le titre on lit : « Ad usum ecclesiæ cathedralis Ebroicensis. Josephus Duval ejusdem eccles. capellanus scripsit. 1742. »

xviiie siècle, parch. in-4°. Rel. veau brun. (Bibl. de l'Evêché d'Evreux, 7^a.)

Processionale.

13. — Processionnal à l'usage du diocèse d'Evreux. Initiales peintes. On lit cette mention : « Scripsit propria manu Michael Monvoysin presbyter clericus Ecclesiæ S. Petri Ebroic. »

xviie siècle. In-8°. Riche reliure. (Abbaye de S.-Nicolas de Verneuil. Paroisse de S.-Pierre d'Evreux ?) ·

14. — Responsoria et antiphonae quæ per totum annum in Processionibus, diebus Dominicis et festis mobilibus celebrandis cantari debent. La procession du jour de S. Taurin s'y trouve, On a ajouté à la fin : « Orationes dicendae in stationibus. In ecclesia S^{ti} Salvatoris. In ecclesia S^{ti} Taurini. »

xviiie siècle, parchemin, rubriques, écriture soignée. Rel. mar. rouge. (M. H. Omont, membre de l'Institut, à Paris. Cathédrale d'Evreux ?)

Breviarium.

15. — Breviarium ad usum Ebroicensem. Calendrier, maioctobre, dans lequel on a ajouté la mention, au ii° Id. sept., « Obiit Alesia de Valle, anno M° CC° octuagesimo vi°. »

xiiie siècle, parch., 260 ff. à 2 col. 170 sur 120 millim. Rel. veau gaufré. (Bibliothèque de Conches, 5. Abbaye de Conches.)

16. — Breviarium ad usum Ebroicensem. Calendrier; mai, juin, juillet et août manquent.

xiiie siècle, parch., 238 ff. à 2 col. 150 sur 115 millim. Rel. veau gaufré. (Bibl. de Conches, 4. Abbaye de Conches.)

17. — Breviarium Ebroicense; pars hyemalis. Calendrier avec les saints du diocèse. Initiales peintes.

xive siècle, parch., 414 ff. à 2 col. 102 sur 70 millim. Rel. moderne maroq. rouge. (Bibl. nat., lat. 1270.)

18. — Breviarium Ebroicense; pars hyemalis. Ce Bréviaire a été autrefois à l'usage de l'église de Champignolles (Eure).

xive siècle, parch., 345 ff. à 2 col. 176 sur 115 millim.

2

Rel. parch. (Bibl. de Rouen, 216. J. Le Normant, évêque d'Evreux, puis Archevêché de Rouen.)

19. — Breviarium ad usum Ebroicensem. Calendrier, mars-décembre.

xivᵉ siècle, parch., 351 ff. à 2 col. 145 sur 100 millim. Rel. veau gaufré. (Bibl. de Conches, 3. Abbaye de Conches.)

20. — Breviarium ad usum ecclesiæ Ebroicensis. Calendrier. Initiales et bordures peintes.

Au fol. 379, office de S. Taurin. Oraison : « Aures clemencie tue, etc. »

xivᵉ siècle, parch., 572 ff. à 2 col. 178 sur 125 millim. Rel. en bois brisée. (Bibl. d'Evreux, 12.)

21. — Breviarium ad usum Ebroicensem. L'office du S.-Sacrement s'y trouve.

Fin du xivᵉ siècle, parch., 271 ff. 220 sur 150 millim. Rel. cuir brun. (Bibl. d'Evreux, 53.)

22. — Breviarium ad usum Ebroicensem.

xvᵉ siècle, parch., 178 ff. à 2 col. 233 sur 153 millim. Rel. parch. (Bibl. d'Evreux, 56. Abbaye de Lyre.)

Legendarium.

23. — Legendarium vetus Ebroicense cum Evangeliis per totum annum.

Fol. 223. Saint Taurin. « Lect. 1ᵃ. Tempore Domitiani regis fuit vir quidam nomine Tarquinus, paganus, gente romanus; cui erat uxor nomine Euticia, verissima christiana, nobilis prosapia grecorum orta, etc. »

xvᵉ siècle, parch., 255 ff. à 2 col. 330 sur 238 millim. Rel. veau fauve. (Bibl. nat., lat. 815. *Codex Bigotianus*, 25.)

24. — Legendarium.

Au fol. 118, « S. Taurini episcopi. »

Au fol. 149ᵛᵒ. « De inventione corporis beatissimi Taurini episcopi. Temporibus igitur Lotharii regis, etc. »

xvᵉ siècle, parch., 267 ff. à 2 col. 396 sur 370 millim. Rel. mod. (Bibl. de Rouen, 1415. Fécamp ou Evreux?)

Vitæ sanctorum.

25. — Vitæ sanctorum.

Au fol. 89ᵛᵒ. « Vita sancti Taurini. »

xiᵉ siècle, parch., 110 ff. à 2 col. 472 sur 328 millim. Rel. mod. (Bibl. de Rouen, 1400. Fécamp.)

26. — Vitæ sanctorum.

Au fol. 129. « Incipit prefatio in vitam sancti Taurini. Beato quidem Taurino sufficit quod vite sue testem..... quia simplex homo non debet pomposa relatione proferri. Explicit prefatio. Incipit vita. Tempore Domitiani regis fuit vir quidam Rome, nomine Tarquinius. ... Fol. 131vo..... et liberet a febribus meis tuis orationibus : prestante Domino nostro ihu xpisto, cui est honor et gloria in secula seculorum. Amen. Explicit vita sancti Taurini. »

Fol. 132. Office de saint Taurin entièrement noté en neumes. « Ad vesperas. A [ntiphona]. Sancte Taurine, qui in celis letaris cum angelis videndo faciem creatoris, intercede pro nobis ut mereamur Domino reddere hostiam laudis. » Après les autres antiennes et un répons, l'antienne du Magnificat : Festivas laudes. A matines, deux nocturnes comprenant chacun six antiennes et quatre répons. « Ad cantica », une antienne et quatre répons. A laudes, cinq antiennes et celle du Benedictus. Aux secondes vêpres, antienne du Magnificat. Tous ces répons et antiennes, à partir de Festivas laudes, sont en vers léonins.

Fol. 133. « Ad missam. Oratio. Aures clementie tue quesumus domine inclina precibus nostris, ut qui sancti confessoris atque pontificis tui Taurini annua gaudemus solennitate, ipso intercedente, mereamur fieri consortes celestis glorie. Per. » Suivent la secrète et la postcommunion.

Fol. 134. Hymne de saint Taurin ; les deux premières lignes seules sont notées en neumes.

> NOVVM melos ad cantica
> Pangamus cuncti dulcia
> Taurini sub preconio
> Hymno gaudentes rithmico.
>
> Insigni cujus gloria
> Sanctorum gaudent agmina,
> Fides augetur credulis,
> Leticia miraculis.
>
> Nobilitatem sanguinis
> Altis transcendit meritis,
> Divinum fontem luminis
> Largis infundens populis.
>
> Ebroicensem patriam
> Errori pravo subditam
> Ad menia prudencie
> Miro provexit dogmate.
>
> Signorum clarus titulis
> Defunctis vitam reddidit,

Immundos pellens spiritus
Et phana sternens funditus.

Nam pietate candidus,
Castitate pulcherrimus,
Mirus mansit et salubris,
Digna laude laudabilis.

Ejus adjuti precibus,
Mundemur culpis omnibus
Ut celi capitolum
Teneamus precelsum.

Hoc nobis donet Trinitas
Que simplex manet deitas,
Cui virtus sit perpetua,
Salus et summa gloria. Amen.

L'office de saint Taurin se termine ici.

Au fol. 1. au bas de la page on lit : « *Ex mon. Gemm. Congreg. S. Mauri.* »

xi⁰ siècle. Parch. 199 ff. 266 sur 180 millim. Rel. peau blanche. (Bibl. de Rouen, 1382. Abbaye de Jumièges.) (1)

27. — Vitæ sanctorum.

Au fol. 64. « Incipit Passio beati Valentini martiris. » Ce saint était fêté, le 14 février, au monastère de Jumièges où l'on conservait son chef.

Fol. 91. Office de saint Gilles, noté en neumes.

Fol. 94ᵛᵒ. Répons d'un office de saint Taurin. Les rubriques ℞ et ℣ ne sont pas marquées: nous les indiquons. « ℞. Hic est Taurinus summus amicus Dei, qui eterni triumphatoris victricia signa secutus, inter robustissimos athletas, dato nomine, militavit. ℣. Cui propositum fuit ità militare in seculo ut in perpetuum regnaret cum Xpisto. Inter [robustissimos].

℞. Florebat in sancto viro Taurino spiritalium profectuum indeficiens gratia, qui non solum exemplis et moribus, sed etiam miraculorum splendore sollémpniter excellebat. ℣. In quo quanta fuerit affluentia caritatis multiplici piorum operum exibicione clarescit. Qui non solum.

℞. Agmina sancta angelorum gaudete pro concivi vestro Taurino, de quo gaudet Xpisti ecclesia feliciter, et exultat

---

(1) Ce manuscrit n'appartient pas à la liturgie d'Evreux, mais à celle du monastère de Jumièges ; nous mentionnons néanmoins cet antique office du premier évêque d'Evreux, n'étant pas d'ailleurs renseigné sur la manière dont on fêtait saint Taurin a Evreux au xi⁰ siècle.

gaudenter. ℣. Vere mirabilis Deus qui beatum Taurinum sua virtute coronavit. De quo gaudet.

℟. Xpisti sacer [dos], memento nostri, beate Taurine. Petimus ut pro nobis intercedas ad dominum hiesum Xpistum. ℣. Nos autem populus ejus et oves pascue ejus. Petimus ut pro nobis.

℟. Gloriosus vir sanctus Taurinus relinquens terrena mercatus est celestia. ℣. O verum et magnum sacerdotem, qui contempnens terrena : Mercatus. »

Fol. 95ᵛᵒ. Office de saint Taurin, entièrement noté en neumes et commençant par l'antienne de Magnificat : Festivas laudes devota mente recolentes, etc. C'est le même que dans le manuscrit précédent.

Au fol. 90, en écriture du xiiᵉ siècle : « *Liber sancti Petri Gemmeticensis, qui eum furatus fuerit vel celaverit, anathema sit. Amen.* »

xiᵉ et xiiᵉ siècles. Parch. 205 sur 130 millim. Rel. parch. (Bibl. de Rouen, 1396. Abbaye de Jumièges.)

28. — Vitæ sanctorum.

Au fol. 201, recto et verso, se trouvent deux fragments de comptes et distributions aux dignitaires de la cathédrale d'Evreux pour les mois d'octobre et novembre 1364.

xiiᵉ siècle. Parch. 202 ff. en partie à 2 col. 380 sur 245 millim. Dem. rel. (Bibl. d'Evreux, 101. Cathédrale d'Evreux.)

29. — Vitæ sanctorum.

Au fol. 51. « In natale sancti Leutfredi abbatis. »

Au fol. 90. « In natale sancti Taurini episcopi. »

xiiᵉ siècle. Parch. 230 ff. à 2 col. 328 sur 225 millim. (Bibl. de Rouen, 1388. Fécamp ou Evreux?)

Psalterium cum hymnis et canticis.

30. — Psalterium cum hymnis et canticis.

xiiᵉ siècle. Parch. 156 ff. 268 sur 172 millim. Rel. peau. (Bibl. d'Evreux, 81. Cathédrale d'Evreux.)

31. — Psalterium cum hymnis et canticis. Calendrier.

xiiiᵉ siècle. Parch. 206 ff. 275 sur 180 millim. Rel. peau. (Bibl. d'Evreux, 87. Cathédrale d'Evreux.)

32. — Absolutiones et benedictiones dicende ante lectiones in officio novem et trium lectionum.

xviᵉ siècle. Parch. 213 ff. Rel. veau avec clous en cuivre. (Bibl. d'Evreux, 88. Cathédrale d'Evreux.)

Antiphonarium.

33. — Fragment d'Antiphonaire renfermant un office complet de saint Taurin en notation guidonienne (1).

Au fol. 1 « In natali sancti Taurini. Ad vesperas etc. » Autres offices notés : « De sancta Maria; de sancta Agatha; sancti Valentini martiris; sancti Gregorii Pape; de sancto Benedicto abbate, etc. » Sur le premier feuillet on lit : « *Monasterii S[i] Vandregesili Congreg. Sancti Mauri catal. ins.* »

XIIe siècle. Parch. 98 ff. 138 sur 90 millim. Rel. mod. veau fauve au chiffre de Louis-Philippe. (Bibl. nat. lat. 10,509. Saint-Wandrille.)

34. — Antiphonarium, incomplet du commencement. Musique notée. Les fol. 65, 147 et 158 ont été lacérés.

XIIIe siècle. Parch. 173 ff. 295 sur 172 millim. Rel. veau brun. (Bibl. d'Evreux, 85.)

Martyrologium.

35. — Martyrologium Usuardi, précédé d'un calendrier à l'usage d'Evreux; on y remarque les noms de : S. Gaudi; SS. Maximi et Venerandi; S. Swithini; S. Thuriani archiepiscopi; S. Leufredi; S. Sansonis; S. Taurini; S. Laodulphi; S. Nigasii. Au 11 août : « Apud Ebroicensem civitatem, natalis sancti Taurini episcopi et confessoris. » Au dernier feuillet de garde on lit en écriture du XIVe siècle : « *Iste lib. est collegii pauperum magistrorum de Sorbona ex legato magistri Petri a Limovicis. Precium xl. solid.* » Une note du XVIIe siècle dit que « Petrus de Lemovicis fuerat canonicus Ebroicensis » (1).

XIIIe siècle. Parch. 129 ff. 262 sur 178 millim. Rel. parch. vert. (Bibl. nat. lat. 16,049 Fonds de la Sorbonne.)

Obituarium.

36. — Obituaire du chapitre d'Evreux.

Fin du XVe siècle. Parch. in-4°. Rel. veau brun garni de cuivre. (Bibl. de l'Evêché d'Evreux, 5.)

---

(1) Cet office est identique à celui des n°s 26 et 27. Nous serions porté à croire que ce ms, provient originairement de Jumièges.

(1) L'Obituaire du Chapitre d'Evreux faisait mention de Pierre de Limoges le 14 janvier et le 9 novembre. Sur ce chanoine et les nombreux dons qu'il fit à la Bibliothèque de Sorbonne, voir L. Delisle, *Le Cabinet des manuscrits.* II, 167-169

37. — Obituaire du Chapitre d'Evreux (copie du précédent).
Fin du xv⁰ siècle. Parch. in-4⁰. Rel. veau fauve. (Bibl. de
l'Evêché d'Evreux, 6.)

38. — Obituaire du Chapitre d'Evreux (copie des précédents).
xviii⁰ siècle. Parch. in-4⁰. Rel. veau brun. (Bibl. de l'Evêché
d'Evreux, 7.)

Ordo servicii.

39. — Ordo servicii ecclesie Ebroicensis. Calendrier.
Aux fol. 135 et 137, office de saint Taurin ; avant l'Evangile,
la séquence est indiquée : « Aula iocunditatis. » Longues et
curieuses rubriques pour la fête et la procession de ce jour.
xiv⁰ siècle. Parch. 158 ff. 240 sur 168 millim. Rel. peau
blanche. (Bibl. d'Evreux, 64. Cathédrale d'Evreux.)

40. — Ordo servicii ecclesie Ebroicensis. Calendrier, mars-
décembre.
xiv⁰ siècle. Parch. 161 ff. 285 sur 195 millim. Rel. parch.
(Bibl. d'Evreux, 95.)

41. — Ordo servicii ecclesie Ebroicensis. Sans calendrier.
xv⁰ siècle. Parch. 115 ff. 250 sur 170 millim. Rel. parch.
(Bibl. d'Evreux, 76. Cathédrale d'Evreux.)

Pontificale.

42. — Pontificale Ebroicense. Au premier feuillet, encadrement miniaturé avec les armes de Raoul du Fou, évêque
d'Evreux (1475-1511). Il avait été successivement évêque de
Périgueux (1468-1470) et d'Angoulême (1470-1479). On lit
sur un feuillet de garde, en écriture du xvii⁰ siècle : « *J. Filleau
officialis Pictav.* » puis ces autres mentions : « *Codex
D. Antonii Faur. S. Th. D. in Bibliothec. Telleriana Remensi.*
528. — *Reg.* 3873. 3. »
xv⁰ siècle. Parch. 80 ff. 365 sur 250 millim. Dem. rel. mod.
(Bibl. nat., lat. 963.)

43. — Pontificale Ebroicense. Miniature avec les armes de
Gabriel (ou d'Ambroise) Le Veneur, évêque d'Evreux pour
lequel il fut exécuté.
xvi⁰ siècle. Parch. 192 ff. 322 sur 250 millim. Rel. bois.
(Bibl. d'Evreux, 100. Cathédrale d'Evreux.)

Manuale seu Rituale.

44. — Manuale secundum usum Ebroicensem ordinatum.
Au verso du dernier feuillet on lit en écriture du xv⁰ siècle :

« *Ce livre est de la paroisse de Saint Médard de Sémerville,
en lévesché d'Evreux, au doyenné de Neufbourg, près Saint
Estienne de Renneville.* »

xive siècle. Parch. 95 ff. à 2 col. 170 sur 120 millim. Rel.
mod. (Bibl. de Rouen, 381. J. Le Normant, évêque d'Evreux,
puis Archevêché de Rouen.)

45. — Rituale Ebroicense. Incomplet du commencement.

xve siècle. Parch. 76 ff. 246 sur 162 millim. Rel. mod.
(Bibl. de Rouen, 400. J. Le Normant, évêque d'Evreux, puis
Archevêché de Rouen.)

Abbaye de Saint-Taurin d'Evreux.

46. — Usuardi martyrologium, suivi de la règle de saint
Benoît, en latin et en français, et du Nécrologe ou Obituaire
de l'abbaye (1).

xiiie siècle. Parch. 254 ff. 257 sur 188 millim. Rel. en bois
couverte de peau de truie, clous de cuivre. (Presbytère de
Conteville. Ancienne bibliothèque de Rever.)

Abbaye de la Croix-Saint-Leufroy.

47. — Obituaire écrit après 1449, mais copié sur un recueil
plus ancien, datant vraisemblablement du xiiie siècle, peut-
être même en partie du xiie. Peu détaillé ; quelques indications
utiles pour l'histoire ecclésiastique de Normandie ; notes sur
la valeur de chaque anniversaire. A la suite, fol, 50, martyrologe interpolé dont manque le début. Ecrit au xie ou au xiie
siècle. Des extraits de ce ms. se trouvent dans les *Historiens
de France*, xxiii, 475-480 (2).

xve siècle, Parch, in-4°, 137 ff. (Bibl. nat. lat., 5549. *Colbert
1844. Reg. 4426, 5. 5.*)

Abbaye du Bec-Hellouin.

48. — Missel à l'usage de l'abbaye du Bec. Calendrier-obi-
tuaire, mars-décembre. Notation musicale. A la fin, recueil
de proses notées (3).

---

(1) Voir notre notice intitulée : *Le Nécrologe de l'abbaye de Saint-
Taurin d'Evreux.* Evreux 1891, in 8.

(2) Voir Aug. Molinier, *Les Obituaires français au moyen âge.*
Paris. 1890, in 8. pag. 190.

(3) Sur ce missel et sur les ms. suivant, voir notre *Histoire de
l'abbaye du Bec*, ii, chap. xiii. Nous avons reproduit dans l'Appendice de ce volume, (pag. 579-591) le calendrier du missel.

xiiie siècle, Parch. 220 ff. 2 col. 182 sur 120 millim. Rel. veau brun. Ancien *Regius*, 4459, 10. (Bibl. nat. lat., 1105. Abbaye du Bec.)

49. — Ordinaire ou Consuetudinarium secundum normam Becci Herluini. Calendrier complet. On lit sur le 1er feuillet : « *Ex libris S. Mariæ de Bono Nuntio, congregationis sancti Mauri* », et l'ex-libris de Jean Bigot : « *Codex Bigot. 376* », et enfin la cote : *Regius* 4455, 5.

xiiie ou xive siècle. Parch. 171 ff. à 2 col. 200 sur 130 mill. mar. rouge, aux armes. (Bibl. nat. lat., 1208. Prieuré de Bonne-Nouvelle de Rouen.)

50. — Consuetudinarium, sive Ordo anniversariorum, tum obituum tum processionum cum suis vesperis, ac missarum que per annum in hoc Beccensi monasterio dicende sunt. Ce coutumier occupe les ff. 21vo 43, 50-52, 57-108 du recueil.

xvie siècle. Papier. 195 sur 135 millim. Rel. basane. (Bibl. d'Evreux, 58. Abbaye du Bec.)

Abbaye de Saint-Pierre de Préaux.

51. — Missel à l'usage de l'abbaye de Saint-Pierre de Préaux. Incomplet du commencement et de la fin, avec additions du xve siècle.

xie siècle. Parch. 136 ff. 252 sur 155 millim. Rel. parch. (Bibl. de Lisieux. Abbaye de Saint-Pierre de Préaux.)

Abbaye de Conches.

52. — Lectiones et evangelia pro festis sanctorum.

Au fol. 7 (Incipit.) « In commemoratione reliquiarum nostrarum. Lectio prima, etc. » Sur un feuillet de garde, au commencement, copie d'une charte de Jean de Alleyo (d'Ailly), prieur de Saint-Pierre de Lierru, relative à l'abbaye de Saint-Pierre de Châtillon de Conches, en 1256(1), et, à la fin, d'une autre charte de Bernard de Broquigné pour la même abbaye, avril 1256. — Ex-libris armorié de Bigot.

xiiie siècle. Parch. 58 ff. 275 sur 180 millim. Rel. parch. (Bibl. nat. lat. 898. *Codex. Bigotianus*, 26.)

53. — Ceremoniale seu Rituale proprium monasterii sanctorum Petri et Pauli de Castellione de Conchis.

xvie siècle. Papier. 159 ff. 175 sur 125 millim. Rel. veau brun. (Bibl. de Conches, 6. Abbaye de Conches).

____

(1) Voir Charpillon et Caresme, *Dict. histq. de l'Eure*, 1, 821.

Abbaye de Lyre.

54. — Bréviarium ad usum Lirensem. Calendrier.
xiv⁰ siècle. Parch. 165 sur 115 millim. (Bibl. d'Evreux, 122.
Abbaye de Lyre.)

55. — Breviarium. Calendrier dans lequel sont notés différents obiis d'abbés de Lyre.)
xiv⁰ siècle. Parch. 339 ff. 92 sur 70 millim. Rel. parch.
(Bibl. d'Evreux, 117. Abbaye de Lyre.)

56. — Legendæ sanctorum.
Au fol. 14. « Sanctus Leufredus. »
xiii⁰ siècle. Parch. 108 ff. à 2 col. 210 sur 150 millim. Rel.
parch. (Bibl. d'Evreux, 37. Abbaye de Lyre.)

57. — Psalterium cum canticis et hymnis.
xii⁰ siècle. Parch. 180 ff. 220 sur 141 millim. Rel. parch.
(Bibl. d'Evreux, 70. Abbaye de Lyre.)

58. — Antiphonarium, avec musique notée. Les trois derniers ff. (à 3 col.) présentent une table des répons. Divers
feuillets ont été lacérés.
xiii⁰ siècle. Parch. 247 ff. 285 sur 195 millim. Rel. peau
blanche. (Bibl. d'Evreux, 89. Abbaye de Lyre.)

59. — Obituarium Beate Marie de Lyra. Usuardi martyrologium, etc., avec plusieurs hymnes copiées en différents
endroits du ms., la plupart avec musique notée.
xii⁰ siècle. Parch. 159 ff. 185 sur 125 millim. Rel. en bois,
brisée. (Bibl. d'Evreux, 17. Abbaye de Lyre.)

60. — Fragments de deux obituaires différents. 1° 1ᵉʳ feuillet, début d'un obituaire du xiiᵉ siècle. Les noms des moines
de Lyre sont mêlés à ceux des moines des couvents associés,
mais chaque nom est suivi d'un qualificatif : *monachus Cado-
mensis, Gemmeticensis*, etc. 2° 4 ff. (le ms. entier en avait 12)
fragment d'un obituaire du xiiiᵉ siècle, mois de septembre-
décembre. Additions. Des extraits de ces obituaires ont été
publiés dans les *Historiens de France*, xxiii, 470 (1).
xiiᵉ et xiiiᵉ siècles. Parch. in-4°. (Bibl. nat. lat. 11053.)

61. — Calendrier de l'abbaye de Lyre.
xiii⁰ siècle. Parch. (Bibl. nat. lat., 10061. Abbaye de Lyre.)

62. — Rituale Lirense.
xii⁰ siècle. Parch. 145 ff. 240 sur 160. Rel. peau. (Bibl.
d'Evreux, 66. Abbaye de Lyre.)

---

(1) Voir : Aug. Molinier, *Les Obituaires français au moyen âge*,
page 190.

Prieuré de Saint Lô de Bourg-Achard (Chanoines réguliers.)

63. — Ordinaire du prieuré de Saint Lô de Bourg-Achard. Fol. A.-K. calendrier : juillet et août manquent.

Au fol. 1, « Liber qui vocatur ordinarius loquens de servicio et ordine secundum usum et consuetudinem monasterii sancti laudi de Burgoachardi sic incipit. In prima dominica adventus, sabbato in vesperis, etc. »

xve siècle. Parch. 217 ff. 130 sur 105 millim. Rel. parch. vert. (Bibl. nat. lat., 14834. Fonds de Saint Victor de Paris.)

Abbaye de la Noë (Citeaux.)

64. — Collectarium ad usum abbatiae B. M. de Noa. En tête, un calendrier copié au xve siècle.

xiiie siècle. Parch. 148 ff. 236 sur 150 millim. Rel. mod. (Bibl. de Rouen, 241. Abbaye de la Noë; J. Le Normant, évêque d'Evreux, et Archevêché de Rouen.)

Dominicains d'Evreux.

65. — Ordinarium conventus Fratrum Praedicatorum Sancti Ludovici Ebroicarum. Au dernier feuillet, épitaphe métrique de Philippe de Cahors, ou de Chaource, mort en 1281, évêque d'Evreux et fondateur du couvent des Dominicains de cette ville.

xive siècle. Parch. 80 ff. à 2 col. 195 sur 140 millim. Rel. peau blanche. (Bibl. de Rouen, 402. J. Le Normant, évêque d'Evreux, puis Archevêché de Rouen.)

Cordeliers d'Evreux.

66. — Graduel avec miniatures exécuté pour le couvent des Cordeliers de Saint Jean d'Evreux.

Premier volume. On lit au fol. 82. « Anno Domini 1518, iste liber, pro conventu fratrum Minorum sancti Johannis Ebroicensis, per fratrem Jheremiam Louvel, ejusdem conventus filium nativum, fuit scriptus et completus. »

xvie siècle. Parch. 135 ff. 620 sur 400 millim. Rel. veau brun. (Bibl. d'Evreux, 116.)

Deuxième volume. On lit au fol. 73. « Volumen istud cum duobus eque paribus fuerunt incepta circa annum Domini 1516, sub honorando patre Stephano Dyonisii, sacre theologie doctore, ac hujus conventus gardiano, per fratrem Jheremiam Louvel, hujus conventus filium; completa vero anno Domini

1527, sub reverendo patre Nicolao Roussin, sacre theologie professore, custodie Normannie custode, ac hujus conventus tunc gardiano. » Et au verso du même feuillet : « Anno Domini 1527, iste liber pro conventu fratrum sancti Johannis Ebroicensis per fratrem Jheremiam Louvel, ejusdem conventus filium nativum, fuit scriptus, notatus, religatus et completus ».

xvi° siècle. Parch. Mêmes dimensions. (Bibl. de l'Evêché d'Evreux, 9°.)

Troisième volume. Mêmes dimensions. (Bibl. de l'Evêché d'Evreux, 9ᵈ.)

Un quatrième volume, beaucoup moins soigné, et qui n'est pas en caractères gothiques comme les précédents, renferme des messes particulières à l'ordre de saint François; c'est un supplément au Sanctoral.

xvii° siècle. Parch. Mêmes dimensions. Bibl. de l'Evêché d'Evreux, 9°.)

Abbaye de Saint Sauveur d'Evreux.

67. — Supplément au Bréviaire romain. On y trouve les litanies de saint Taurin et les leçons des saints du diocèse d'Evreux; celles de l'office de saint Taurin ne sont pas les mêmes que dans le bréviaire actuel.

xvii° siècle. Parch. Petit in-4° carré. (Abbaye de Saint Nicolas de Verneuil. Abbaye de Saint Sauveur d'Evreux.)

68. — Supplément au Bréviaire romain, conforme au précédent. Enluminures. On lit cette mention : « Fait par Moyaux prêtre à Evreux, 1706 ».

xviii° siècle. Parch. in-12°. (Abbaye de Saint Nicolas de Verneuil. Abbaye de Saint Sauveur d'Evreux.)

IMPRIMÉS

Missale.

1. — Missale ad usum Ebroicensis ecclesiae. Le titre manque. Calendrier complet; les jours néfastes sont indiqués; au bas des pages, quatrains hygiéniques en latin (1). Au 7 septembre,

---

(1) De ces quatrains, où les conseils de médecine et d'hygiène sont indiqués comme dans un populaire almanach d'aujourd'hui, on peut rapprocher l'étrange gravure de l'homme anatomique, indiquant les organes et les membres soumis aux influences des différentes constellations et que l'on rencontre dans beaucoup de livres d'Heures de la fin du xv° siècle et du commencement du xvi°.

cette note manuscrite : « Festum sancti Adriani. Ymago in capella magni cimiterii parrochie sancti Leodegarii Ebroicensis ».

Au fol. 1. Grande gravure à mi-page représentant la Messe de saint Grégoire.

Fol. 8. Généalogie de Noël; les notes et portées sont manuscrites, noires et rouges, mais le texte est imprimé; il en est ainsi de toute la notation du missel. Les initiales peintes à la main sont rouges ou bleues.

Les messes, préfaces, etc., sont selon l'ordre romain; toutefois, les séquences, très nombreuses, sont incorporées à la messe, et les fêtes propres au diocèse sont insérées à leur date dans le corps du missel.

Le canon est imprimé sur parchemin. Avant le *Te igitur*, deux gravures à pleine page en regard, à gauche, le Christ en croix; à droite, le Père éternel en majesté, entouré des quatre symboles évangéliques. A la suite du canon de la messe on a ajouté quelques feuillets manuscrits renfermant « De sancto Adriano officium »; avant l'évangile, la prose : « Letis pange fidibus, leta instant gaudia, leta reddant omnia..... Hoc det et concedat qui regnat per secula. Amen »; et la messe « de sancto Rocho »; prose : « Jubilando clerus totus Deo psallat jam devotus, dum laudatur non ignotus Rochus pestis dulcis potus... Te beatum Rochum Christi confessorem exoratum facimus, et preces ad te patrem nostrum dirigimus, tua intercessione a langoribus epydimie salvemur, et aeris temperie potiamur ».

Proses du Temporal. Premier dimanche de l'Avent : « Salus aeterna ». 2ᵉ : « Regnantem sempiterna ». 3ᵉ : Courte prose de six lignes. 4ᵉ : « Jubilemus omnes ».

Noël. Messe « in galli cantu », prose : « Nato canunt omnia »; de l'Aurore : « Eia recolamus »; du Jour : « Christi hodierna pangimini ».

Saint Etienne : « Magnus Deus in universa terra ».

Saint Jean : « Congaudentes cantemus tibi ».

SS. Innocents : « Celsa pueri concrepent melodia ».

Saint Thomas de Cantorbéry : « Spe mercedis et corone ».

Dimanche dans l'octave de Noël : « Letabundus exultet chorus ».

Saint Sylvestre : « Adest nobis dies alma ».

Circoncision : « Eia recolamus laudibus piis ».

Epiphanie : « Epiphaniam cantemus Domini gloriosam ».

Fol. 95. Pâques. Bois figurant la Résurrection. Prose : « Fulgens preclara rutilat per orbem hodie dies ista, etc. » Lundi de Pâques, prose : « Mane prima sabbati ». Mardi :

« Prome casta concio ». Mercredi : « Victime paschali laudes ».
Jeudi : « Mane prima sabbati ». Vendredi : « Prome casta
concio ». Samedi : « Victime paschali laudes ».

Pentecôte : « Sancti Spiritus adsit nobis gratia ». Lundi :
« Veni sancte Spiritus ».

Trinité : « Benedicta sit beata Trinitas ».

Proses du Sanctoral. Fol. 141. S. André. Bois représentant
le martyre de saint André; en haut, deux anges recueillent
dans une nappe son âme figurée par un petit enfant nu, les
mains jointes. Prose : « Sacrosancta hodierne festivitatis preconia ».

Fol. 142. Saint Nicolas. Prose : « Congaudentes exultemus
vocati concordia ».

Fol. 143. Conception de la Sainte Vierge. Prose : « Virginis
veneranda ».

Fol. 145. Saint Antoine. Prose : « Anthonius humilis,
sanctitate nobilis ».

Fol. 146. Sainte Agnès. Prose : « Animemur ad agonem,
recolentes passionem gloriose virginis ».

Fol. 146ᵛᵒ. SS. Vincent et Anastase. Prose : « Ecce dies
peroptata, dies felix, dies grata ».

Fol. 147ᵛᵒ. Conversion de saint Paul. Prose : « Jubilemus
salvatori qui spem dedit peccatori ».

Fol. 149. Purification de la Sainte Vierge. Prose : « Hac
clara die turma festiva dat preconia ».

Fol. 151. Chaire de saint Pierre. Prose : « Adest nobis ».

Fol. 152. Annonciation. Prose : « Hac clara die ».

Fol. 154. Saint Georges. Prose : « Letabundus fiat et
jocundus chorus fidelium ».

Fol. 154ᵛᵒ. Saint Marc. Prose : « Plausu chorus letabundo
hos extollat per quos mundo sonant evangelia ».

Fol. 155ᵛᵒ. SS. Philippe et Jacques. Prose : « Celi solem ».

Fol. 156. Invention de la sainte Croix. Prose : « Salve crux
sancta, arbor digna ».

Fol. 156ᵛᵒ. Saint Jean devant la Porte latine. Prose :
« Congaudentes ».

Fol. 158. SS. Mauxe et Vénérand. Prose :

> Ad celi regis gloriam
> Pangat chorus melodiam
>
> . . . .
>
> Persecutorum plurimos
> Unda submergit reflua.
> Tandem in quadam insula,

Aquigniaco proxima,
Pro Christo cesi propria
Ferunt tumulis capita.

. . . .

Fol. 159. Saint Cyr et sainte Julitte. Prose : « Christum regem collaudemus ».

Fol. 161. Saint Jean-Baptiste. Prose : « Sancti Baptiste Christi preconiis solemnia celebrantes, moribus ipsum sequamur ».

Fol. 163. SS. Pierre et Paul. Prose : « Laude jocunda melos ».

Fol. 163vo. Commémoration de saint Paul. Prose : « Celi solem ».

Fol. 165. Translation de saint Martin. Prose : « Gaude gemma presulum ».

Fol. 165vo. Translation de saint Benoît. Prose : « Laudum carmina creator lira plaude eya ».

Fol. 167. Sainte Madeleine. Prose : « Mane prima sabbati. » Il y a ici une erreur dans la pagination qui rétrograde du fol. 168 au fol. 158.

Fol. 168. Sainte Anne. Prose : « Mater matris Domini felix felicissime Joachim socia ».

Fol. 158vo. SS. Abdon et Sennen. Prose : « Manus lingue, lingua cordi sic concordet ut concordi laus erumpat modulo ».

Fol. 159. Saint Germain. Prose : « Gloriosis cum modulis ».

Fol. 160vo. Saint Pierre-ès-liens. Prose : « Nunc luce alma ».

Fol. 161. Invention de Saint Etienne et de ses compagnons. Prose : « Superne matris gaudia representet ecclesia ».

Fol. 162. Notre-Dame des Neiges. Prose : « Ad honorem matris Dei, que est salus nostre spei ».

Fol. 162 vo. Transfiguration. Prose : « Fulget mundo celebris lux hodierna ».

Fol. 164. Saint Laurent. Prose : « Stola jocunditatis alleluya ».

Fol. 164. « Sancti Taurini episcopi Ebroicensis, Festum duplex. » Messe Statuit. Prose :

Aula jocunditatis alleluya.

Statuit Dominus hodie
Presulem urbis Ebroice

Taurinum gemmam ecclesie,
Viteque virum angelice.

Pontifex alma hac luce
Animam Deo placentem obtulit;
Angelo sepultus duce
Populo verbum salutis protulit.

Intraturo portas urbis
Sathanas ter alteratus
Ter occurrit coram turbis,
Per crucem ter superatus.

Intrat urbem, et intranti
Xpm quoque predicanti
Patet habitatio.

Ibi multi congregantur
Quorum plures baptizantur
Presulis officio.

Coram cunctis concrematam
Sathan morti tradit natam
Hospitis, ut hospitem

Irritaret in Taurinum;
Quam Taurinus vas divinum
Patri reddit sospitem.

Templo demon exul cedit;
Templi familia credit;
Sacerdotes viscera
Sua fundunt dextera.

Nato ducis et consorti
Repentine datis morti
Vita redit reddita
Per Taurini merita.

Sopita tyrannide,
Baptizato preside
Jacet ydolatria,
Triumphat ecclesia.

Nobis ergo da, Taurine,
Civitatis ut divine
Facti cives tua prece,

Et secunda spreta nece,
Triumphali leticia
Decantemus alleluya.

Fol. 155. Assomption. Prose : « Area virga prime matris Eve ».

Fol. 166vo. Saint Barthélemy. Prose : « Laudemus omnes inclita Bartholomei merita ».

Fol. 167. Saint Louis. Prose : « Letabunda psallat »,

Fol. 167vo. Saint Augustin. Prose : « Interni festi gaudia nostra sonet armonia ».

Fol. 168vo. Décollation de saint Jean-Baptiste. Prose : « Precursorem summi regis ».

Fol. 169. Saint Gilles. Prose : « Magna dies magnum solennium ».

Fol. 170. Invention du corps de saint Taurin. Prose :

> De roseto prodit rosa,
> Luctum odit lux jocosa ;
> De spineto venit spina
> Pungens lenit ut divina.
>
> . . . .
>
> Tres mortis nexibus solvisti precibus ;
> Per te ditemur virtutibus, alleluya.

Fol. 170. Nativité de la sainte Vierge. Prose : « Alle celeste necnon et perenne luya ».

Fol. 171. Exaltation de la sainte Croix. Prose : « Laudes crucis attollamus ».

Fol. 172vo. Saint Matthieu. Prose : « Plausu chorus ».

Fol. 173vo. Saint Michel. Prose : « Ad celebres, rex celice, laudes ».

Fol. 175vo. Saint Denys. Prose : « Gaude prole, Grecia ; glorietur Gallia Patre Dionysio ».

Fol. 176vo. « Sanctarum sororum beate Marie. Duplex. » Prose : « Laudes Christo decantemus ».

Fol. 178. SS. Simon et Jude. Prose : « Celi solem ».

Fol. 179. Conception de la sainte Vierge. Prose : « Christo inclito candida nostra canant melodia agmina ».

Fol. 180vo. Saint Martin, archevêque. Prose : « Sacerdotem Christi Martinum ».

Fol 182. Sainte Catherine. Prose : « Vox sonora nostri chori ».

En tête du Commun des Saints est une grande gravure sur bois divisée en quatre compartiments. 1º Le Christ entouré de ses Apôtres ; 2º les Martyrs ; 3º les Confesseurs ; 4º la sainte Vierge Marie, les Vierges et les saintes Femmes.

Colophon. « In laudem gloriam et honorem, Summe ac sempiterne Trinitatis, totiusque curie celestis, sacri missalis officium ad usum Ebroicensis ecclesie tam in brevi quam

çeteris nuper sollerti vigilantia emendatum Rothomagi quoque per M. M. Morin Impressorem iuxta prioratum sancti
Laudi commorantem : Anno domini Millesimo quadringen-
tesimo septimo decima die Aprilis post sanctum pascha
domini completum et perfectum (1). »

Ce missel, publié par ordre de l'évêque Raoul du Fou,
lequel possédait lui-même de fort beaux livres liturgiques
manuscrits, est remarquablement imprimé.

On lit sur le premier feuillet : « *Ex Bibliotheca S^ae Geno-
vefae. 1732* ».

In fol. gothique. Dem. rel. moderne. (Bibliothèque de
Sainte-Geneviève de Paris. Réserve, O E. 497. Fonds Charles-
Maurice Le Tellier).

2. — Missale ad consuetudinem insignis ecclesie Ebroicensis, una cum dicte ecclesie consuetudinibus, nuper in alma
Parisiorum academia arte et industria Johannis Kaerbriant et
Desiderati Maheu impressum. Adiectis quamplurimis com-
moditatibus que in ceteris desiderantur. Nam que illis deerant
aut que remittebantur : hic adiecta sunt atque ad plenum
perscribuntur. Cum privilegio regis et eiusdem diocesis
episcopi ne quispiam usque ad quadriennium eiusmodi
imprimat vel imprimere faciat : ut in sequenti pagina declara-
tur. (Grande marque de Jehan Petit.) Venale habetur Parisius
in vico divi Jacobi apud Johannem Petit et Rothomagi in
ede Ludovici Bouvet : necnon in urbe Ebroicensi apud
Johannem Foucher. — Cum privilegio regis.

Le privilège de François Ier est daté de Paris, le 7 novembre 1527,

---

(1) Martin Morin, célèbre imprimeur du xve et du xvie siècle,
demeurait à Rouen, rue Saint-Lô. Une délibération des notables de
la ville de Rouen, en 1496, constate que Martin Morin, « homme
loyal et inventif, fut envoyé par la famille Lallemant sur les bords
du Rhin pour y apprendre l'art de l'imprimerie nouvellement décou-
verte, et que de retour dans sa ville natale, il fut, en récompense
de ses services, affranchi durant vingt années du guet et des
aydes ». Les livres sortis de ses presses, si recherchés aujourd'hui,
se font remarquer par la correction du texte, la blancheur du vélin,
ou la qualité du papier, par la beauté des caractères et la pureté du
tirage. De 1490 à 1520, il imprima une trentaine de Missels pour la
Normandie, la Touraine, la Picardie et l'Angleterre. Voir Ed. Frère,
Manuel du bibliographe normand, II, 326; Amb. Firmin Didot,
*Essai typographique et bibliographique sur l'Histoire de la gra-
vure sur bois*, Paris, 1863, in-8, pag. 213 et 265; J. Weale, *Catalogus missalium ritus latini ab anno M. CCCC. LXXV. impressorum*, Londini, 1886, in-8, pag. 283.

Calendrier complet, avec l'indication des jours néfastes et les quatrains hygiéniques.

Au commencement du Temporal (Avent), une grande gravure sur bois, à mi-page, représentant la Messe de saint Grégoire; nombreuses vignettes aux initiales, soit séparées, soit les accompagnant. Ce missel, selon l'ordre romain, est conforme à celui de 1497; les séquences sont incorporées à la messe (1). Le canon manque. Ce missel qui fut publié par ordre de l'évêque Ambroise Le Veneur, en 1527, est d'une impression moins soignée que celui de 1497; il est entièrement gothique; la notation musicale est imprimée.

Colophon. « Ad laudem gloriam et honorem Dei optimi maximi : totiusque celestis exercitus. Absolutum est hoc preclarum insignis ecclesie Ebroicensis Missale quam elimatissime in edibus Johannis Kaerbriant sive Huguelin : necnon Desiderii Maheu. Ere et impensis honestissimi bibliopole Joannis Petit. Anno Millesimo quingentesimo vigesimo septimo die decimo sexto novembris (2). »

Sur un feuillet de garde à la fin du volume, on lit : « *Pour vénérable et discrette personne Mre Paul Boullenc, conseiller du roy nostre syre en sa court de Parlement à Rouen, et ausy Chanoyne et Trésaurier en leglise cathédralle Nostre Dame dEvreux. P. Boullenc 1600* ». Sur le titre on lit : « *Bibl. San. Gen. Paris 1734* ».

In fol. gothique. Rel. mod., maroquin rouge. (Bibl. Sainte-Geneviève de Paris. Réserve, B. B. r54. Fonds Charles-Maurice Le Tellier).

3. — Missale Ebroicense. — Rothomagi, Robertus Valentinus. 1544. In 4°. *(Catalogue des livres de la Bibliothèque de feu Mgr Jean Le Normant, évêque d'Evreux et abbé de Saint-Taurin*. Paris, 1737, in-12. Cité par Ed. Frère, *Manuel du bibliographe normand*, II, 312). Nous n'avo..s point rencontré ce missel.

4. — Missale Ebroicense iuxta decretum Tridentini concilli generalis et Rothomagensis Provincialis : per Reverendum

---

(1) A la fête de la Visitation, le 2 juillet, la prose : « Ave mundi spes Maria, » qui ne se trouvait pas dans le missel de 1497.

(2) Jehan Kaerbriant, *alias* Huguelin, imprimeur libraire à Paris, a imprimé, de 1516 à 1550, une trentaine de Missels tant pour les évêchés de France que pour les ordres de Citéaux, de Cluny et des Frères-Prêcheurs. Voir J. Weale, *Catalogus missalium, etc.*, pag. 279. — Des presses de Didier Maheu sont également sortis une douzaine de Missels, de 1523 à 1543. *Id.* pag. 282.

Patrem Dominum Claudium de sainctes Episcopum Ebroicensem, quantum fieri potuit emendatum. (Bois représentant
la Vierge et l'Enfant Jésus entourés de rayons, les pieds sur
le croissant; au-dessous, l'écusson, timbré de la crosse, de
Claude de Sainctes.) Venale habetur Rothomagi in edibus
Thome Mallard vico iudeorum ante Palatium, et Cardini
Hamillon divi Viviani. — Cum privilegio Regis.

Le privilège de Henry III est du 28 septembre 1583, et la
lettré de Claude de Sainctes est datée : « Idibus Aprilis 1583. »

Calendrier avec l'indication des jours néfastes et les fameux
quatrains hygiéniques. Le calendrier et les rubriques géné-
rales sont en caractères romains, tandis que tout le reste du
missel est en gothique. A ce propos, l'abbé Chemin, curé de
Tourneville, dans son *Histoire de Claude de Sainctes*, observe
que Henry III adopta immédiatement le calendrier réformé
en 1582 par Grégoire XIII, et l'envoya à tous les évêques
avec une lettre de cachet. « M. de Sainctes, lorsque lui arriva
cette lettre du Roy, venoit de donner un missel à son diocèse (1). Il estoit d'une impression gothique. Il en fit ôter le

---

(1) Dès l'année 1576, dans son Synode d'été, Claude de Sainctes
se préoccupait des moyens de remédier à l'extrême pénurie de livres
liturgiques où se trouvait son diocèse, « cum eorum omnium jam
fere ubique in nostrâ diœcesi laboretur penuriâ. Verum quia non ea
est impressorum copia vel potentia quae olim fuit, et in una impres-
sione numerus librorum excudi debet, qui ad multos annos sufficiat;
tantum negotium expediri nequit siue maximis sumptibus, quos
impendere nec ipsi impressores volunt nec possunt, nec nos ipsi
sumus satis potentes. Idcirco, de prudentum hominum consilio,
rationem inivimus quâ huic oneri aliqua in parte satis fiat, ut singuli
Abbates, Priores, Curati ac Presbyteri cujuscumque professionis, et
Ecclesiarum aeditui conferant nobiscum, singuli pro modo suarum
facultatum, et necessitate librorum illorum, vel unicum aureum, vel
minus aureo, et deponant apud deputatos ab hac Synodo ad nobiscum urgendum istud negotium; quo peracto, de pretio librorum
quos quisque pro sua necessitate accipiet, tantum diminuetur quan-
tùm antea contulerit..... ». D. Bessin, *Concilia Rothomagensis
provinciae*, II, 398. — Les Pères du Concile de Rouen, tenu en
1581, s'exhortèrent eux-mêmes à se conformer aux constitutions de
saint Pie V : « libros emendatos, quoad fieri potest, servato usu
diœceseum, juxta tamen constitutiones sanctae memoriae Pii V,
super Breviario romano et Missali, ex Decreto sacrosancti concilii
Tridentini restituto et edito, procurent imprimi ». *Id.* I. 200. —
Evreux eut donc son nouveau missel en 1583, Bayeux en 1584,
Avranches en 1596, Coutances en 1604.

calendrier et y fit mettre le nouveau, d'une impression romaine (1). »

Tout ce missel est selon l'ordre romain; néanmoins, les proses sont toujours incorporées à la messe.

(Avent) « Incipit ordo missalis secundum usum insignis ecclesie cathedralis beate marie Ebroicensis. » En tête de la page qui est entourée d'un encadrement gravé sur bois, la Messe de saint Grégoire.

La messe de minuit porte la rubrique : « Ad missam in galli cantu. » A la messe du jour, grande gravure sur bois, la Nativité, avec la signature du graveur I : M; à l'Epiphanie, bois gravé avec la même marque.

Le canon de la messe est imprimé sur parchemin; au commencement, deux gravures à pleine page en regard, le Christ en croix entre la Vierge et saint Jean, et le Père éternel en majesté; ces gravures ont été enluminées, sans doute dès l'origine, mais l'enluminure manque de finesse. Le T du *Te igitur* est miniaturé, initiale bleue avec une rose tigée sur fond d'or.

La messe de saint Taurin, avec la prose, est conforme à celle des missels de 1497 et de 1527.

Après le Commun des Saints, il y a une sorte de *Proprium* supplémentaire avec les messes de saint Santin, de la Compassion de la Sainte Vierge, de saint Claude, évêque et confesseur et de sainte Barbe.

Colophon. « Ad laudem gloriam et honorem Dei optimi maximi : totiusque celestis exercitus. Absolutum est hoc preclarum insignis ecclesie Ebroicensis missale. Ere et impensis honestissimorum virorum bibliopolarum Thome Mallard necnon Cardini Hamillon, Rothomagi. Anno domini millesimo quingentesimo octuagesimo tertio. » Bois gravé comme au titre : la Vierge, l'Enfant Jésus et les armes de Claude de Sainctes (2).

In fol. papier et parch. Rel. mod. cuir frappé, fermoirs de cuivre. (Bibl. nat. Réserve, Vélins, 813. Acquis des héritiers de l'abbé Préaux, d'Evreux.)

5. — Missale Ebroicense, Ad Romani formam Clementis VIII Pontificis Maximi authoritate recogniti, redactum

---

(1) *Histoire de Claude de Sainctes par l'abbé Chemin*, publiée et annotée par M. l'abbé Guéry, Evreux, 1892. in-8, pag. 46.

(2) Les Mallard et les Hamillon étaient des familles de typographes rouennais. Jean Mallard imprime deux missels de Rouen, en 1536 et 1538; Richard Hamillon imprime celui de Salisbury en 1554. Voir J. Weale, *Catalogus missalium, etc.*; pag. 282 et 277.

per Reverendiss. in Christo Patrem D. D. Vuiliel. Péricard
Ebroicens. Episcopum. — Ebroicis. Ex Typis Antonii Le
Marié. M. DCX. De licentia Superiorum.

Le privilège du roi est du 14 avril 1604 (1). Dans sa lettre
datée du 7 octobre 1610, Guillaume de Péricard dit que cette
nouvelle récension du Missel d'Evreux avait été commencée
par le cardinal du Perron dès la publication de la bulle de
Clément VIII, du 7 juillet 1604.

Ce missel est selon l'ordre romain; mais les saints du diocèse ont leur office à leur date dans le corps du missel.

Sauf les proses de Pâques, de la Pentecôte, du Saint-Sacrement et des Morts, toutes les vieilles séquences ont disparu et
ont été reléguées à la fin du missel avec cet avertissement au
clergé : « In hujus missalis calce, ut quorumdam devotioni
quibus durum est assueta relinquere satis faceremur, multis
ex antiquo Missali abrogatis, quae barbariem in verbis appri-
me redolebant, quasdam quae minus eam sapere videbantur,
quibusdam mutatis, deligentes, seposuimus; quasdam vero
aliunde sumptas in proscriptarum locum substituimus,
absque intentione quemquam obligandi sive publice, sive
privatim, nisi ex devotione, ad eas inter sacra Missarum
solemnia recitandas. »

Ce recueil ne comprend plus que 57 proses. Celles, entre

____

(1) « Henricus IIII, Gallorum et Navarraeorum Rex Christianis-
simus, in gratiam Illustriss. et Reverendiss. D. D. Cardinalis a
Perronio Ebroicensis Episcopi diplomate sanxit, ne quis Breviarium
Ebroicense, Missale, Manuale, Processionale, Diurnale, Officium
B. Mariae Virginis et alia ad ritum Ecclesiasticum universae Diœcesis Ebroicensis pertinentia, ejusdem jussu et auctoritate edita vel
edenda, in perpetuum excudat in Galliis, aut alibi excusa divendat,
praeter Antonium le Marié, Parisiensis Academiae Typographum
et Bibliopolam, in Civitate Ebroicensi commorantem, ejusque
successores..... » Antoine Le Marié établit ses pressés à Evreux à
l'extrême fin du XVI⁰ siècle; son premier livre imprimé est : *Discours
spirituel sur le premier verset du Pseaume cent vingt deuxiesme...
l'an 1585 par I. D. du Perron, lecteur de la Chambre du Roy.* —
A Evreux chez Antoine Le Marié, rue Sainct-Denys. 1600. Pet. in-8.
Le Marié a imprimé plusieurs opuscules de du Perron, notamment :
*Actes de la conférence tenue entre l'évesque d'Evreux et le sieur
du Plessis, en prés. du roy à Fontainebleau, le 4 de may 1600...*
par Jacq. Davy, evesque d'Evreux. Evreux, Ant. Le Marié, 1601,
in-8. — *Réfutation de l'Ecrit de maistre Daniel Tilenus contre le
Discours de Monsieur l'Evesque d'Evreux, touchant les Traditions
Apostoliques.* Par ledict Sieur Evesque. A Evreux, chez Anthoine
Le Marié, 1601, in-12.

autres, de saint André, de saint Vincent, des S. S. Mauxe et
Vénérand, de la Translation de saint Benoît et de saint Martin
ne s'y trouvent plus. La prose de saint Taurin, que l'on
chantait depuis le commencement du xive siècle, a subi de
notables changements. Qu'on en juge.

Aula poli decantet alleluia.

Statuit nam hodie
Dominus praesulem urbi Ebroicae
Taurinum gemmam Ecclesiae
Vitaeque virum angelicae.

Cui dum intrat portas urbis
Sathanas ter immutatus
Ter occurrit coram turbis,
Ter per crucem superatus.

Intrat urbem, et intranti
Christum quoque praedicanti
Patet habitatio.

Ibi multi congregantur
Quorum plures baptizantur
Praesulis officio.

Ut hospitem irritaret
In Taurinum, daemon saevus
Ejus necat filiam.

Sed Taurinus, vir divinus,
A Domino confortatus
Patri reddit sospitem.

Templo daemon exui (1) cedit;
Templi familia credit;
Sacerdotes prae ira
Sua fundunt viscera.

Nato ducis et consorti,
Repentinae datis morti,
Vita redit reddita
Per Taurini merita.

Sopita tyrannide,
Baptizato praeside,
Jacet idolatria
Triumphat ecclesia.

(1) Lire : exul.

Nobis ergo da, Taurine,
Civitatis ut divinae
Facti cives tua prece
Et secunda spreta nece,

Triumphali leticia
Decantemus alleluia.

On conserve à la Bibliothèque cantonale du presbytère de
Notre-Dame de Vernon un superbe exemplaire de ce missel
relié en maroquin rouge. On voit sur le titre une gravure sur
cuivre (rapportée mais évidemment contemporaine), figurant
la Vierge et l'Enfant Jésus, et au-dessous les armes de Guillaume de Péricard. La gravure du canon de la messe a été
faite pour le missel, puisqu'elle est tirée au verso d'un feuillet
imprimé; elle représente le Christ en croix et est signée :
Martin de Vos figuravit. — Thomas de Leu ex. D'autres
gravures ont été ajoutées ultérieurement.

Avant l'index des noms des saints on lit cette touchante
requête :

I. L. I. Penitent. Ebroicens. suprema pro corollario, ad
clerum diœcesanum expostulatio (1).

Septennis demandatus labor, in Breviarii, Antiphonarii,
Manualis, Processionalis, Officii B. Mariae ac Missalis
recognitione, impensus, quasi Sabbatismi requiem postulat.
Hanc unicam a te gratiam, quicumque es qui ex eo fructum
carpis, pro mercede expostulo ut cum ad altare propitiationis
hostiam immolaturus steteris, pias ad Deum preces pro me
non dedigneris effundere. Bene vale, eumdemque Deum,
sicut exopto, semper habeas tibi propitius.

Finis

Laus Deo Opt. Max. Virginique Matri ac B. Ioseph.

In fol. Rel. veau brun. (M. Henri Omont, membre de
l'Institut, à Paris; M. le chanoine Dubois, curé de Notre-
Dame, à Verneuil; Grand-Séminaire d'Evreux.)

6. — Missale Ebroicense, Ad Romani formam Clementis VIII Pontificis Maximi authoritate recogniti, redactum
per Reverendiss. in Christo Patrem D. D. Vuiliel. de Péri-

---

(1) Jean Le Jau, qui prépara l'édition réformée des livres liturgiques entreprise par le cardinal du Perron, fut pénitencier et vicaire
général. Il naquit à Evreux en 1570, et y mourut en 1631. On lui
doit plusieurs ouvrages. Voir Ed. Frère, *Manuel du bibl. norm.*
II, 199.

card Ebroic. Episcopum. — Ebroicis. Ex Typis Antonii Le
Marié : M. DC. XXX. — De licentia superiorum. — La lettre de
G. de Péricard est datée : « Datum Ebroicis Nonis Octob.
Anno a partu Virginis sexcentesimo decimo supra millesi-
mum. » C'est la même que dans le Missel de 1610, dont
celui-ci n'est que la reproduction.

In 4°. Rel. veau brun. (Chanoine Porée, à Bournainville;
abbé Mesnel, à Heudreville-en-Lieuvin.)

7. — Missale Ebroicense. — 1667. (Ed. Frère, *Manuel du
bibliographe normand*, II, 313.) Selon Ed. Frère, ce missel
serait celui de Guillaume de Péricard qui aurait été modifié
en 1667. Nous avons vu, conservé au presbytère de Conches,
un missel in-fol. ayant pour titre factice celui du missel
d'Evreux de 1610; le corps du missel est, en effet, loin de lui
appartenir. Les messes de saint Taurin et de saint Laudulphe
ne s'y trouvent pas, même en supplément. C'est un missel
purement romain, imprimé à Paris, à la fin duquel on a
ajouté les nouvelles messes de sainte Elisabeth de Portugal,
de saint Alexis, de sainte Claire, etc. La Tabell a temporaria
va de l'année 1665 à 1698. A la fin de l'exposé des rubriques
de la messe on lit la souscription suivante : « Ex typis
Joannis Henault Bibliopolae jurati, viâ Jacobeâ sub signo
Angeli Custodis et S. Raphaelis. M. DC. LXVII. » C'est
évidemment le missel dont parle Ed. Frère.

8. — Missale Ebroicense, Illustr. et Reverend. in Christo
Patris D. D. Petri-Julii-Caesaris de Rochechouart, etc.,
Ebroicensis episcopi auctoritate, ac Venerabilis ejusdem
Ecclesiae Capituli consensu editum. — Parisiis, Sumptibus
Bibliopolarum Usuum Ebroicensium. M. DCCXL. — Cum
privilegio Regis.

La lettre de l'Evêque est datée d'Evreux, le 18 avril 1740.
Après avoir parlé des Préfaces ajoutées, il dit : « Non minus
interea curavimus ut in iis precibus quae ad cantum attinent,
nihil nisi sincerum ac Deo dignum, ipso etiam verbo Domini
expressum admisceretur, sacro Textu stante ubique integro
ac germano. Prosarum tamen, sive ut vocant sequentiarum,
recentiora Cantica quaedam, sed solemnioribus tantum diebus, adhibuimus, et ut nitidiore stylo, sic puriore multo ac
nobiliore sensu composita. Quod vero spectat ad usus et
Ceremonias, cùm singulae Ecclesiae honori sibi ducant tra-
ditis a Majoribus in venerandae Antiquitatis gratiam moribus
insistere, composuimus nos ad eam formam quam Ecclesia
Ebroicensis ab antiquo secuta est, perlustratis ideo veteribus
Scriniis et Missalibus bene multis, quae a pluribus seculis in
iis asservantur, è quibus constantes hujusce Diœcesis ritus

praecipua ex parte etiam nunc in Ecclesia nostra observatos
deprompsimus, quos imposterum in omnibus Diœcesis nos-
trae Ecclesiis integre restituendos confidimus. »

Proses incorporées à la messe dans le Missel de 1740.

Noël : « Votis Pater annuit ».

Epiphanie : « Ad Jesum accurrite ».

Pâques : « Victimae paschali laudes ».

Ascension : « Solemnis haec festivitas ».

Pentecôte : « Veni, sancte Spiritus ».

Saint-Sacrement : « Lauda, Sion ».

Conception de la Sainte Vierge : (In cathedrali) « Gaudii
primordium »,

Présentation de Notre-Seigneur et Purification de la Sainte
Vierge : « Ave, plena gratia ».

Annonciation et Incarnation du Seigneur : « Humani
generis ».

Saint Taurin : « Festa promat cantica. » Cette prose, qui
fut composée pour le Missel de 1740, est un calque fidèle de
la prose de saint Denis du Missel de Paris de 1684.

Assomption : « Induant justitiam ».

Dans l'Octave : la même prose.

Dédicace : « Jerusalem et Sion filiae ».

Nativité de la Sainte Vierge : « Gaudii primordium ».

Toussaint : « Sponsa Christi ».

Commemoration des morts : « Dies irae ».

Missae pro defunctis : « Dies irae ».

A la fin du Missel (pag. CV et suiv.) se trouve un recueil
de « Prosae communes in Missis annualibus et solemnibus
de sanctis cantandae ubi propriae non habentur. »

De S. S. Apostolis et Evangelistis : Jam non servos nomi-
namus.

De S. Martyre, sub cantu festi S. S. Omnium : In trium-
phum mors mutatur.

De S. S. Martyribus, sub cantu S. Taurini : Exultate
populi.

De S. S. Pontificibus : Deus Patris unice.

De S. S. Doctoribus, sub cantu Epiphaniae : Coelo sol
justitiae.

De S. S. Abbatibus, sub cantu Annuntiationis : Cuncta
linquentibus.

De Justis : Deo coronabitur.

De S. S. Virginibus, sub cantu Annuntiationis : Quod cas-
tis gregibus.

De S. S. Mulieribus : Exultemus.

Proses pour messes votives solennelles et autres.

De S. S. Trinitate : Os superbum conticescat.

In reparatione injuriarum : Plange Sion, muta vocem.

De Passione : Crucifixum adoremus.

De B. M. Virgine, sub cantu Assumptionis : Ave virgo virginum.

De S. S. Angelis, sub cantu Annuntiationis : Vos ad praeconium.

De S. Joanne Baptista : Joannes coelestia.

De S. S. Petro et Paulo : Te laudamus, o regnator.

De uno vel pluribus sanctis : Exultet laudibus.

Pro gratiarum actione, sub cantu Assumptionis : Quid Deo retribuam.

Le Missel d'Evreux de 1740 est une adaptation du Missel de Paris, publié en 1738 par Mgr de Vintimille, et auquel avaient collaboré des jansénistes notoires tels que Vigier, Mésenguy, le docteur Boursier.

In fol. Rel. veau brun. (Chan. Porée.)

9. — Missale Ebroicense, Illust. et Reverend. in Christo Patris D. D. Petri-Julii-Caesaris de Rochechouart, Ebroicensis Episcopi, etc. Et ab Illust. et Reverend. D. D. Ludovico-Carolo de Salmon du Chatellier, Ebroicensi Episcopo recognitum et auctum. — Divione, apud J. N. Alexandr. Douillier, R. R. D. D. Episcopi Divionensis Typographum et Bibliopolam. M. DCCCC XXVIII. C'est l'édition du Missel de 1740 à laquelle on a ajouté un calendrier, un « Supplementum missalis Ebroicensis », avec un titre nouveau.

In fol. Rel. basane. (Chan. Dubois.)

10. — Missale Ebroicense. (Même titre que ci-dessus.) Nouvelle édition avec la date M. DCCC XXX (1).

In fol. Rel. basane. (Chan. Dubois.)

Graduale.

11. — Graduale Ebroicense. Illustr. et Reverend. in Christo Patris D. D. Petri-Julii-Caesaris de Rochechouart, Ebroi-

---

(1) La liturgie romaine fut rétablie dans le diocèse d'Evreux, par Mgr de Bonnechose ; il publia en 1857 le nouveau missel. « Missale romanum ex decreto sacro sancti Concilii Tridentini restitutum, S. Pii V, Pontificis maximi jussu editum..... commissis ecclesiae Ebroicensi propriis a Pio nono approbatis, ac de mandato H. M. G. de Bonnechose, episc. Ebroic. editis. — Tours, Imp. de Mame ; Evreux, Cornemillot et Regimbart, 1857. In 4° de XXIV et 138 pages. (Ed. Frère, *Manuel du bibliog. norm.*, II, 313.)

censis Episcopi etc. auctoritate, ac venerabilis ejusdem ecclesiae Capituli consensu editum. — Parisiis, m. dccxl. 4 vol. in fol. (Bibl. de l'Evêché d'Evreux, exempl. sur parchemin.)

12. — Graduel et Antiphonaire à l'usage du diocèse d'Evreux réimprimés et augmentés par l'ordre de Mgr Charles-Louis de Salmon du Chatellier, évêque d'Evreux. — Dijon, Douillier, Imp. 1828.

2 vol. in fol. Rel. basane. (Chanoine Dubois.)

13. — Graduel parisien noté pour les Dimanches et les Fêtes, contenant les Offices propres du diocèse d'Evreux. Imprimé par l'ordre de Mgr Charles-Louis de Salmon du Chatellier. Partie d'hiver et partie d'été. — Dijon, Douillier, Imprimeur-libraire, 1829.

2 vol. in 12. Rel. basane. (Eglise de Bazoques.)

14. — Graduel noté à l'usage du diocèse d'Evreux, etc. Imprimé par l'ordre de Mgr Charles-Louis de Salmon du Chatellier, évêque d'Evreux.—Dijon, Imp. de Douillier, 1835.

In 12. Rel. basane. (Chan. Dubois.)

Breviarium.

15. — Breviarium Ebroicense. Pars estivalis. Gothique. Le titre manque.

Fol. 1. « Servitium ecclesie Ebroicensis a Trinitate usque ad adventum. »

Fol. 56. « Finis Temporalis Estivalis. »

Nouvelle pagination. Fol. 1. Gravure sur bois représentant Esther devant Assuérus, avec la marque du graveur : I. F. Offices des matines, laudes et des autres heures; litanies; commun des saints. Au 19 mai, commence le Sanctoral. Au 11 août, saint Taurin. Oraison : « Aures clementie tue, quesumus, inclina precibus nostris, ut qui sancti confessoris tui atque pontificis Taurini annua gaudemus solennitate, ipso intercedente, mereamur fieri consortes celestis glorie. Per. » A matines : « Lectio prima : Sanctus Dionysius a beato Clemente missus in Gallias adduxit secum beatum Taurinum etc. Lectio secunda : Beatus vero Taurinus Ebroicas adiens partes, etc. Lectio tertia : Quum autem beatus Taurinus verbum faceret ad populum, etc. Lectio quarta : Dixit autem beatus Taurinus : Eamus ad deam vestram, etc. Lectio quinta : Videntes autem populi hanc effigiem, etc. Lectio sexta : Interea duo magi Bises et Gira, etc. Lectio septima : (sert d'Homélie à l'Evangile : Sint lumbi vestri precincti.) Audiens interea Licinius, etc. Lectio octava : Dum hec agerentur, etc.

Lectio nona : Post hec, cum audisset, etc. » Pendant l'octave,
on continuait la lecture de la légende de saint Taurin, notamment de l'épisode de sa flagellation à Gisai, *Gisiacum*.

Les derniers feuillets manquent (1).

xvi° siècle. In 12. Rel. mod. (Bibl. nat. Réserve. B. 27834.)

16. — Breviarium Ebroicense ad formam Romani Clementis VIII Pont. Max. auctoritate recogniti, redactum. (Cuivre
représentant la Vierge et l'Enfant Jésus entourés de rayons;
au-dessous, les armes de François de Péricard.) Ebroicis. Ex
typis Antonii Le Marié. 1617. — La lettre de l'évêque Du
Perron est du 14 mai 1604. Ce bréviaire était divisé en deux
parties, d'hiver et d'été (2).

In 12. Rel. veau brun. (Chan. Dubois; M. Alph. Chassant.)

17. — Breviarium Ebroicense, Illustr. et Reverend. in
Christo Patris D. D. Petri-Julii-Caesaris de Rochechouart,
Ebroicensis Episcopi, etc., ac venerabilis ejusdem Ecclesiae
Capituli consensu editum. — Parisiis, Sumptibus suis edide-
runt Bibliopolae Usuum Ebroicensium. M. DCC. XXXVII. Avec
une vue de la cathédrale d'Evreux gravée par Petit.

4 vol. in 4°. Rel. mar. rouge. (Chan. Dubois.)

18. — Breviarium Ebroicense, etc. Le même.

4 vol. in 12. Paris, M. DCC. XXXVII. (Chan. Dubois.)

19. — Breviarium Ebroicense, etc. Le même. M. DCC. XLIV.

4 vol. in 12. (Abbé Blanquart, à La Saussaye.)

20. — Breviarium Ebroicense, Illustr. et Reverend. in
Christo Patris D. D. Ludovici-Caroli de Salmon du Chatel-
lier, Ebroicensis Episcopi, etc. auctoritate denuo editum. —
Vesontione, Ex typis Gauthier fratrum Bibliopolarum.
M. DCCC XXIX.

4 vol. in 12. Rel. veau noir. (Chan. Dubois.)

---

(1) Ce bréviaire paraît être de la première moitié du xvi° siècle.
Nous n'avons plus celui que Claude de Sainctes publia pour son
diocèse en 1586. Voir *Gallia christ.*, XI, col. 612; *Histoire de
Claude de Sainctes, par l'abbé Chemin*, publiée par M. l'abbé
Guéry, page 53. Celui publié en 1604 par Du Perron, manque
également.

(2) Dans les « Statuts et règlements du diocèse d'Evreux revus
par Mgr François de Péricard et publiés au Synode de 1644 », il est
enjoint au clergé de garder étroitement les rubriques et enseigne-
ments des Missels, Bréviaires, Rituels et autres livres de ce diocèse
diligemment revus sur ceux de Rome, « principalement en la
dernière édition et celle qui est maintenant sous la presse. » D.
Bessin, *Concil. Rothom. prov.*, II, 401.

21. — Diurnale Ebroicense, Illustr. et Reverend. in Christo Patris D. D. Petri-Julii-Caesaris de Rochechouart Ebroicensis Episcopi, etc. Parisiis, Sumptibus suis ediderunt Bibliopolae Usuum Ebroicensium. — M. DCC. XL.

2 vol. pet. in 18. Parties d'hiver et d'été. Rel. veau brun. (Chan. Dubois.)

22. — Officia propria ad usum ecclesiae Ebroicensis... approbata ac de mandato II. et RR. D. D. J. A. S. Devoucoux, episcopi Ebroicensis edita. — Rennes, Vatar, 1859.

In 8 de LII-156 pages. (Ed. Frère, *Manuel du bibliographe normand*, II, 350.)

23. — Proprium sanctorum ecclesiae collegiatae Beatae Mariae Vernonensis, ad formam Breviarii Ebroicensis redactum. — Ebroicis, apud Antonium Magner. M. DCC. L. — Ces saints sont : S. Mauxe, Ste Geneviève, S. Ethbin, S. Ansbert, S. Barnabé, S. Bonaventure, Ste Marguerite, Ste Thècle.

In 12, de 108 pages. (Bibl. cantonale de Notre-Dame de Vernon.)

24. — Antiphonarium Ebroicense, Illustr. et Reverend. in Christo Patris D. D. Petri-Julii-Caesaris de Rochechouart, Ebroicensis Episcopi, etc., auctoritate, ac venerabilis ejusdem ecclesiae Capituli consensu editum. — Parisiis, Sumptibus suis ediderunt Bibliopolae Usuum Ebroicensium. M. DCCXXXVII.

3 vol. in fol. (Bibl. de l'Evêché d'Evreux, exempl. sur parchemin; Eglise de Conches.)

25. — Antiphonaire d'Evreux. — Evreux, 1776.

2 vol. in 8. (Bibl. nat., 4858.)

26. — Psalterium juxta Breviarium Ebroicense, Illustr. et Reverend... Petri-Julii-Caesaris de Rochechouart, Ebroicensis Episcopi, etc. Parisiis, Sumptibus suis ediderunt Bibliopolae Usuum Ebroicensium. M. DCC. XXXVII.

In fol. Rel. cuir brun. (Eglise de Conches.)

27. — Demi-Pseautier à l'usage d'Evreux. — Evreux, 1791. In 16. (Bibl. nat.; B. 21701.)

28. — La Quinzaine de Pâques d'Evreux. — Evreux, 1779. In 8. (Bibl. nat., B. 4859.)

29. — Martyrologium Ebroicense, Illustr. et Reverend. in Christo Patris D. D. Petri-Julii-Caesaris de Rochechouart, Ebroicensis Episcopi, etc., auctoritate, ac venerabilis ejusdem ecclesiae Capituli consensu editum. — Parisiis, apud Claudium Hérissant Typographum, Viâ novâ B. Mariae, sub Cruce aurea et tribus virtutibus. M. DCC LII.

In 8. Dem. rel. mod. (Chan. Porée.)

Processionale.

30. — Processionale Ebroicense. Gothique. Fragment comprenant les ff. 82, 83, 84, 100, 101, 102 et 108, avec notation musicale,

Fol. 82 « In rogationibus. »

. . . .

O doctor vere dionysii sancte sophie,
    Rustice, Eleutherii, supplicio socii,
Gallicole vestro sacrantur sanguine gentes;
    Gallicole vestrum petimus auxilium.   [audi nos (1).]
Humili [prece et sincera devotione ad te clamantes Christe

Fol. 82ᵛᵒ Normanne gentis, Taurine, doctor herilis
    Nomine, virtute, major homo meritis,
Inter piratas mundi lucra tuere
    Restituenda Deo fenore multiplici.   Humili.

Fol. 83ᵛᵒ Silvester, Damasus, Gregorius, Ambrosius,
    Hylarius, Zeno, Maximus atque Leo,
Martinus, Aquilinus, Nicolaus, Eusebius,
    Orent pro nostris criminibus variis.   Humili.

Fol. 84 Summe Dei cultor, monachorum rector et abbas,
    O Benedicte, sacer atque benigne pater,
Istud cenobium cetumque tibi famulantem,
    Nostra sanctificans, cuncta tuere simul (2).   Humili.

. . . .

Agne Dei Patris, qui mundi crimina tollis
    Optate pacis munera dona tuis.
Kyrie pantheon craton ysus sedisse tepantes
    Sub asileos ymon Christe eleyson ymas (3).

    Le reste manque.

---

(1) Nous complétons cette reprise à l'aide du *Processionale Ebroicense* de 1605, f. 80. Le *versus Humili prece* était l'œuvre de Hartman, et se chantait avec sa litanie, dès la fin du IXᵉ siècle, dans les processions dominicales. Voir Léon Gautier, *Histoire de la poésie liturgique au moyen âge. Les Tropes.* Pag. 27 et 44.

(2) Voici le même trope d'après le *Processionale Ebroicense* de 1605, fol. 88ᵛᵒ :

Summe Dei cultor, monachorum rector et abbas,
    Sis, Benedicte, parens praesidiumque tuis.
Nos hic collegas serva, cœtumque tuere,
    Orans pro nobis suscipiensque preces.   Humili.

(3) Ce mélange gréco-latin est inintelligible. Un helléniste fort distingué propose la lecture suivante :

Fol. 100 « In festo corporis Christi. »
Salve festa dies toto venerabilis evo
   Qua Deus in potum se dedit atque cibum.
Ave [salus mundi, verbum patris, hostia vera,
   Viva caro, Deitas integra, verus homo.]
Ecce Redemptoris fecit donaria magna
   Sicut et ethereis hic data terrigenis. Ave salus.
Tunc amor emicuit quo nos dilexit in orbe
   Nobis cum proprium corpus adesse dedit. Ave salus.

. . . .

Fol. 108. Le dernier feuillet se rapporte aux processions des fêtes de saint André, de saint Eloi, de saint Nicolas. « Sancti Nicolai hyemalis Responsorium. (Noté) Quadam die tempestate sevissima, quassati naute ceperunt sanctum vocare Nicolaum. Et statim cessa... » Le reste manque. (1)

xvie siècle. In-12, Gothique. (Bibl. nat. Réserve, B. 27772.)

31. — Processionale Ebroicense ad Breviarii nuper recogniti normam redactum, authoritate Illustrissimi et Reverendissimi D. D. Cardinalis a Perronio Ebroicensis Episcopi. (Bois représentant la Vierge et l'Enfant Jésus entourés de rayons; au-dessous les armes de Du Perron). Ebroicis, Ex typis Antonii le Marié, 1605. — Cum privilegio regis. Au commencement du volume : « Brevis tractatus de processionibus ».

In-12. Rel. veau brun. (Chan. Dubois).

32. — Processionale Ebroicense, Illustr. et Reverend. in Christo Patris D. D. Petri-Julii-Caesaris de Rochechouart, etc., auctoritate, ac venerabilis ejusdem Ecclesiae Capituli consensu editum. — Paris, 1740. In-8°.

Κύριον παντοκράτορα 'Ιησοῦν σεβάζετε πάντες.
   Σὺ, βασιλεὺς ἡμῶν, Χριστὲ, ἐλέησον ἡμᾶς.
Vénérez tous le Seigneur Jésus tout-puissant.
   Toi, notre roi, Christ, aie pitié de nous.

Voici d'ailleurs la strophe du *Processionale* de 1605, fol. 90 :

Agne Dei patris, qui mundi crimina tollis,
   Pasce tuas laeto munere pacis oves.
Pantocrator, ductor, mundi Rex atque creator,
   Succurre afflictis, et miserere Deus. Humili.

(1) Voici la fin de ce répons d'après le *Processionale* de 1605, fol. 138vo. « Et statim cessavit tempestas. ℣ Mox illis clamantibus apparuit quidam dicens illis : Ecce adsum; quid vocatis me? — Et statim. »

33. — Processionale Ebroicense, Illustr. et Reverend. in Christo Patris D. D. Petri-Julii-Caesaris de Rochechouart, etc., auctoritate, ac venerabilis ejusdem Ecclesiae Capituli consensu editum, et ab Illustr. et Reverend. D. D. Carolo-Ludovico De Salmon du Chatellier Episcopo Ebroicensi recognitum, auctum et denuo editum. — Parisiis, Typis Trouvé, viâ Beatae Mariae a Victoriis. 1827. In-8º. (Chanoine Porée).

34. — Processionale Ebroicense etc. Nouvelle édition. — Imprimerie Alexandre Douillier, 1831. In-8º.

34bis. — Ordre des processions du dimanche des Rameaux, des petites et grandes Litanies, de l'Ascension, du Saint-Sacrement, et de celle qui se fait après complies le jour de l'Assomption de la sainte Vierge ; avec ce que l'on chante aux saluts qui se font pendant l'octave du Saint-Sacrement. A l'usage d'Evreux. — A Evreux, chez Antoine Magner, libraire, Grande-Rue, proche l'Epine. M. DCC. XLIII. In-12. Rel. veau brun ; sur les plats, en lettres dorées au fer : CATHE-DRALE D'EVREUX. (Grand Séminaire d'Evreux). Page 163, on trouve la « Procession générale qui se fait avant la messe le jour de sainte Agathe, en action de grâce de ce qu'en ce jour la ville a été délivrée du siège des Hérétiques en l'an 1562 ». Et page 187, la « Procession générale qui se fait avant la messe en action de grâce de la réduction de Normandie sous l'obéissance du roi très chrétien Charles VII qui en chassa les Anglais qui s'en étoient injustement emparés et l'occupoient depuis trente et un ans ».

35. — Ordre des processions, etc. Nouvelle édition. — A Evreux, chez Antoine Magner. M. DCC. LIII. In-12. (Grand Séminaire d'Evreux). Les deux processions indiquées précédemment ne s'y trouvent plus.

36. — Ordre des processions, etc. Nouvelle édition. — A Evreux, chez Antoine Magner, libraire, Grande-Rue, vis à vis de la Geole. M. DCC. LXXXII. In-12. (Grand Séminaire d'Evreux).

37. — Ordre des processions, etc. Nouvelle édition. — A Evreux, chez Antoine Magner, imprimeur-libraire, Grande-Rue, vis à vis la rue Chartraine, nº 255. M. DCCCV. In-12. (Grand-Séminaire d'Evreux).

38. — Ordre des processions qui se font hors l'église, avec les saluts de l'octave du Saint-Sacrement, à l'usage du diocèse d'Evreux. — Evreux, au Secrétariat de l'Evêché, 1830. In-12, (Gien, imprimerie et librairie de Pellisson, imprimeur de Mgr l'Evêque d'Orléans.) (Grand Séminaire d'Evreux).

39. — Ordo divini officii. — Ebroicis, 1775-1791.
In-8°. (Bibl. nat. B. 13729).
40. — Ordre à suivre dans le calcul du temps et l'exercice
du culte public. — Evreux, 1798.
In-8°. (Bibl. nat. B. 6156).

Rituale seu Manuale.

41. — Manuale Ebroicense. Le titre manque. La lettre du
cardinal du Perron, évêque d'Evreux, au clergé de son diocèse, est sans date; le privilège du roi est du 14 avril 1604; la
table des fêtes mobiles commence à l'année 1606. Au feuillet
1er, on lit en écriture du xviie siècle : « *Ex libris sacristiae
seminarii Ebroicensis.* » Petit in 4° de 144 ff. Rel. ancienne,
veau fauve. (Bibl. nat., Imp. B. 3105.)

42. — Rituale Ebroicense, publié par François de Péricard;
le titre manque, mais la « Tabella temporis festorum » va de
l'année 1621 à 1655. In 4°. (Chan. Dubois.)

43. — Rituale Ebroicense, ad romani formam Pauli V.
Pont. Max. jussu, et D. D. Francisci de Pericard felicis
recordationis Ebroïc. Episcopi opera olim redactum. Nunc
autem Reverendissimi in Christo Patris et D. D. Jacobi Potier
de Novion Ebroicensis pariter Episcopi auctoritate recognitum
ac denuo editum. — Ebroicis, Ex typis F. P. Lalonde,
M. DCC. VI. In 4°. La lettre de Potier de Novion est du
4 février 1706. (Grand Séminaire d'Evreux; chan. Porée.)

44. — Rituel d'Evreux publié par l'autorité de Monseigneur
Pierre-Jules-César de Rochechouart, évêque d'Evreux. — A
Paris, de l'Imprimerie de Jean-Baptiste Coignard, Imprimeur
du Roi. M. DCC. XLI. In 4°. (Grand Séminaire d'Evreux; chan.
Dubois; abbé Blanquart, à la Saussaye.)

45. — Rituel du diocèse d'Evreux publié en 1741 par l'autorité de Monseigneur Pierre-Jules-César de Rochechouart,
évêque d'Evreux; Revu corrigé et augmenté par Monseigneur
Charles-Louis de Salmon du Chatellier, évêque d'Evreux. —
Dijon, Imprimerie et fonderie de Douillier, éditeur des liturgies parisienne et romaine. M. DCCC. XXXIII. In 4°. (Chanoine
Dubois.)

46. — Extrait du Rituel d'Evreux, imprimé par ordre de
Mgr Pierre-Jules-César de Rochechouart, évêque d'Evreux,
etc. — Paris, Imp. de J.-B. Coignard, 1741. In 12. Noté en
plain-chant. (Ed. Frère, *Manuel du bibliog. norm.* II, 473.)

47. — Extrait du Rituel d'Evreux, imprimé par ordre de
Mgr Pierre-Jules-César de Rochechonart, évêque d'Evreux,

etc. — A Evreux, chez Antoine Magner, M. DCC. LXXV. In 12.
(Ed. Frère, *Manuel du bibliog. norm.*, II, 473.)

48. — Extrait du Rituel d'Evreux, etc.; le même. — A Evreux, chez Antoine Magner, libraire, Grand'Rue, proche l'Epine. M. DCC. LXXXVIII. In 12. La permission de Mgr de Rochechouart est datée du 31 décembre 1748. (Grand Séminaire d'Evreux.)

49. — Extrait du Rituel d'Evreux, qui contient l'ordre de l'Administration du St Viatique, de l'Extrême-onction et de l'assistance des personnes mourantes, avec l'Office des morts et l'ordre des sépultures, augmenté des Messes des morts. Imprimé par ordre de Mgr J. B. Bourlier, évêque d'Evreux. — A Evreux, chez J. J. Ancelle fils, imprimeur de l'Evêché. M. DCCC. XXI. In 18. (Eglise de la Chapelle-Hareng, Eure.)

50. — Manuel ou extrait du Rituel d'Evreux, contenant l'ordre de l'administration du Baptême, du Saint Viatique, etc. Imprimé par ordre de Monseigneur Charles-Louis de Salmon du Chatellier, évêque d'Evreux. — Dijon, Imprimerie et fonderie de Douillier, 1833, in 18. (Grand Séminaire d'Evreux.)

51. — Instructions tirées du Rituel du diocèse d'Evreux, publiées par ordre de Monseigneur Charles-Louis de Salmon du Chatellier, évêque d'Evreux. — Dijon, Imprimerie et fonderie de Douillier, M. DCCC. XXXIII. In 12. (Grand Séminaire d'Evreux.)

Etablissements religieux.

52. — Breviarium Beccense. « Pars Estivalis Breviari singulis annis in clarissimo cenobio Beccensi, Ordinis sancti Benedicti diocesis Rothomagensis, Legendi ad antiquam ejusdem inclyti cenobii formam revocati ac restituti. Anno domini millesimo quingentesimo quinquagesimo. (Bois représentant l'Arbre de Jessé.) D. I. du tot. grant prieur du Becq Hellouin A faict ce faire. » Le premier volume comprend la « Pars hyemalis »; le titre manque. Calendrier propre, avec les saints normands et anglais (1). 2 vol. pet. in 8, gothique; reliures diverses. (Bibl. nat., Réserve, B. 29996 et 29997; chan. Porée.)

53. — Proprium locale, seu festa propria regalis abbatiae Beatae Mariae de Becco, ordinis sancti Benedicti, Congregationis sancti Mauri. (Cuivre représentant les armes de l'abbaye

---

(1) Pour plus de détails, voir notre *Histoire de l'abbaye du Bec*, II, 447-449.

timbrées de la mitre et de la crosse.) — Rothomagi, Typis Stephani-Vincentii Machuel, Bibliopolae, Via S. Laudi e regione Palatii. M. DCCLVI. In 8, de 139 pag. Rel. parch. Pag. 4 à 7, « Calendarium sanctorum quorum proprium habetur in hoc codice. » Plusieurs saints normands et anglais. (Chan. Porée.)

54. — Officium S. Anselmi, archiepiscopi Cantuariensis et Ecclesiae doctoris, a Capitulo generali Congregationis S. Mauri, anno 1720, approbatum. Ad usum monasterii Beatae Mariae de Becco. — Rotomagi apud Viduam Vaultier, in vico Judaeorum. M. DCCXXII. In 8. (Le titre seul de ce livre est en notre possession.)

55. — Graduale ordinis Cartusiensis. Gothique, imprimé en rouge et en noir, musique notée à chaque page; très belles lettres ornées dans le style de Jean Cousin. Il est dit expressément dans le privilège que ce volume a été imprimé par les soins et aux frais de la Chartreuse de Gaillon, « cura et impensis Cartusiae Gaillionis », fondée en 1571, sous l'invocation de Notre-Dame de Bonne-Espérance, par le cardinal de Bourbon, archevêque de Rouen. (Sur le titre, vignette représentant le cardinal qui offre la Chartreuse à la Sainte Vierge.) — Parisiis, In officina G. Chaudière. 1578. — Parch. in fol., 8 ff. non chiffr. et CXCIII ff. chiffr. Rel. bois, couvert de cuir gaufré, clous de cuivre. (Deux exempl. ont passé en vente à Paris, dont l'un à la librairie A. Claudin.)

56. — Rituale romano-franciscanum ad usum Fratrum Minorum sancti Francisci Capucinorum Provinciae Normanniae. (s. l.) M. DCC. XLIV. In 12. Sur le feuillet de garde on lit : « Ad usum conventus Capucinorum Ebroicensium. » (Grand Séminaire d'Evreux.) Ce livre n'appartient pas à la liturgie ébroicienne; nous le mentionnons afin de reproduire la curieuse note ms. suivante qui se trouve à la fin du volume. « Pour le couvent d'Evreux, le deux novembre. Après la messe solemnelle et les suffrages ordinaires de l'Eglise pour les morts autour de la représentation, on revient procesionnellement devant le grand autel et on y chante, 1° un Libera avec l'oraison pour le repos de l'âme des seigneurs les ducs Frédéric, Maurice et Godefroy de Boüillon; 2° au même endroit, un Libera pour Madame la duchesse Eléonore de Boüillon; 3° on va à la chapelle, on y chante trois Liberas; le premier pour feu M^r Le Jau, Doyen de la cathédrale d'Evreux; le 2e pour deux prêtres; le 3e pour M^r et Madame des Buquets qui ont donné le devant d'autel noir de la chapelle, que l'on expose ce jour-là. »

Heures à l'usage d'Evreux.

57. — Heures imprimées à Goupillières, le 8 mai 1491, par Mre Michel Andrieu, prêtre (1). (Bibl. nat.)

58. — « Ces présentes heures a lusaige de Evreux furent achevées le iiii de Décembre. Lan mil. cccc iiiixxvii. pour Simon Vostre, Libraire demourant à Paris en la rue neuve nostre Dame : a lenseigne saincte iehan levangeliste. » — Paris, Ph. Pigouchet, 1487, in 8, gothique, 92 ff. non chiffr. (Sign. A.-M.) Vélin. (Cité dans la *Bibliofilia* de L. S. Olschti, de Florence. Oct. nov., 1903, p. 237-238) (2).

59. — Heures à l'usage d'Evreux, avec almanach de 1501-1520. — Paris, Ph. Pigouchet, in 8, gothique, 130 ff. (Deschamps, *Supplémert au Manuel du libraire,* I, 687.) Un exemplaire de ces Heures se trouve à Beauvais, chez Mme Le Mareschal.

60. — Heures à l'usage d'Evreux, avec almanach de 1508-1520. — Imprimées à Paris par Guillaume Anabat.

____

(1) M. Léopold Delisle a consacré à ces Heures la note suivante lue en 1863 dans l'une des séances de la Société impériale des Antiquaires de France. « Au commencement de 1863, on a trouvé dans une ancienne reliure d'un manuscrit de la Bibliothèque impériale, plusieurs cahiers d'un petit livre d'Heures imprimé en caractères gothiques. Quelques uns des feuillets qu'on a pu recueillir renferment une partie de calendrier dans lequel j'ai remarqué plusieurs saints particulièrement honorés en Normandie. Au 31 janvier, *sainct Gaude ;* au 25 mai, *Mausse et Vénérand ;* au 11 août, *sainct Thaurin.* La présence de ces noms sur le calendrier me porte à croire que le volume renfermait des Heures à l'usage d'Evreux. Par un heureux hasard, au nombre des feuillets conservés se trouve celui qui terminait le volume et sur lequel on lit cette souscription : « Ces présentes Heures furent imprimées à Goupillères, le viiie jour de may, lan mil quatre cens quatre vings unze, par honorable homme messire Michel Andrieu, prestre. » La localité mentionnée dans cette souscription est, selon toute apparence, Goupillières, aujourd'hui commune du département de l'Eure, arrondissement de Bernay, canton de Beaumont-le-Roger. L'impression d'un livre dans un obscur village de Normandie, en 1491, est un fait qui m'a paru mériter d'être signalé pour l'histoire des origines de l'imprimerie. »

(2) On m'a signalé, comme ayant été vu, en 1902, à la librairie Frederik Muller et C°, à Amsterdam, un exemplaire sur vélin d'un livre d'Heures à l'usage d'Evreux, imprimé à Paris par Ph. Pigouchet, en 1497, pour le compte de Simon Vostre. Je crois qu'il y a lieu de l'identifier avec celui de 1487, dont la date est ainsi écrite : Lan mil. cccciiiix xvii, et qui peut, à première vue, prêter à équivoque.

In 8, gothique, 88 ff. (Ed. Frère, *Manuel du bibliog. norm.*, II, 79.)

61. — Heures d'Evreux, faites pour Simon Vostre, libraire. Calendrier de 1513-1530. In 8, gothique, 105 ff. avec encadrements et figures sur bois. (Bibl. d'Evreux.)

62. — Heures à l'usage de Evreux, nouvellement imprimées à Rouen (s. d.) vers 1580. Pet. in 8, gothique, avec gravures sur bois. Ces Heures furent probablement imprimées par Georges Loyselet. (Ed. Frère, *Manuel du bibl. norm.* II, 79.)

63. — « Heures Nostre Dame a lusage de Evreux, toutes au long sans en rien requerir… Enrichis de plusieurs hystoires et quatrains, avec le Kalendrier réformé. » — A Rouen, chez Henry le Mareschal. (s. d.) A la fin : « Nouvellement imprimées à Rouen par Georges Loyselet. » Almanach de 1588-1619. In 8, gothique, fig. sur bois. (M. Ed. Pelay, à Rouen.)

APPENDICE

Il nous a paru à propos de donner en appendice la liste, aussi complète qu'il nous a été possible de la dresser, des Offices particuliers qui se célébraient dans diverses paroisses du diocèse d'Evreux ; et enfin celle des Catéchismes à l'usage du diocèse.

1. — Officium S. Adjutoris confessoris, nobilium patroni et Vernonensium protectoris, etc. D. Franciscus de Péricard, Ebroicensis Episcopus, omnibus Dioecesanis eodem officio, ritu duplici vel simiduplici, uti permisit pridie Kal. Maii. A. Joan. Theroude, Ecclesiae Vernonensis Presbytero, etc. — Parisiis, M. DC. XXXIX. In 8. Réimprimé à Rouen, en 1874, pour la Société des Bibliophiles normands. (Chan. Porée ; abbé Drouin, à Aubevoye.)

2. — Office de la sainte Vierge, à l'usage d'Evreux. — Evreux, Antoine Le Marié, 1622. In 12. (Ed. Frère, *Manuel du bibl. norm.* II, 350.)

3. — Office de saint Nicaise, apôtre de Neustrie, et de ses compagnons martyrs. — A Rouen, L. Dumesnil, 1734, in 12. — J. J. Le Boullenger, 1769, in 12, et 1779, in 12. Cet office fut composé par l'abbé F. Bélamy. (Ed. Frère, *Manuel du bibl. norm.* II, 507.)

4. — Officium de adoratione perpetua Domini nostri Jesu-Christi in Eucharistiae sacramento. — Ebroicis, apud Antonium Magner, bibliopolam, Viâ magnâ, prope Spinam. M. DCC. XLI. Cum approbatione. In 16. A la suite, le même

office, moins la messe, sans notation, avec un simple titre de
départ. (Abbé Blanquart.)

5. — Officium pro solemnitatibus Rosarii, de Monte
Carmelo et aliis Beatae Mariae quae proprium non habent.
— Ebroicis, apud Antonium Magner, bibliopolam, Viâ
magna, prope Spinam. M. DCC. XLI. Cum approbatione. In 16.
A la fin, le même office sans notation. (Abbé Blanquart.)

6. — Proprium sanctorum ecclesiae collegiatae Beatae
Mariae Vernonensis, ad formam Breviarii Ebroicensis redac-
tum. — Ebroicis, apud Antonium Magner, M. DCC. L. In 12.
Ces saints sont : S. Mauxe, Ste Marguerite, Ste Geneviève,
Ste Thècle, S. Ethbin, S. Ansbert, S. Barnabé, S. Bonaventure.
(Eglise de Notre-Dame de Vernon.)

7. — Salut solennel pour le renouvellement des vœux du
Baptême à l'usage de l'Eglise paroissiale de Notre-Dame de
Verneuil. — A Verneuil, 1751. In 8, 18 pages, chant noté.
(Chan. Dubois.)

8. — Prières en l'honneur de S. Taurin, apostre et premier
évesque d'Evreux pour le jour de la Translation solennelle de
ses reliques, le douze septembre mil sept cent soixante-deux.
Imprimées par l'ordre de Monseigneur l'Evêque d'Evreux. —
A Evreux, chez la veuve Malassis, 1762. In 32. (Chan. Dubois.)

9. — Pratique de la dévotion pour la fête de saint Taurin,
apôtre, premier évêque d'Evreux et confesseur de la foi. (Vie,
office de la fête, saluts de l'octave, etc.) — A Evreux, chez
J. A. Despierres, dit Lalonde aîné, 1805. Pet. in 18. L'appro
bation de Mgr Bourlier est du 21 juin 1805. (Chan. Porée.)

10. — Office du Sacré-Cœur de Jésus, avec une instruction
et des prières pour la paroisse de Combon, diocèse d'Evreux.
— A Evreux, chez Antoine Magner, libraire Grande-Rue,
vis-à-vis les Halles, M. DCCLII. La lettre d'approbation de Pierre
de Rochechouart est du 11 septembre 1750. Pet. in 18.
(Chan. Porée.)

11. — Vie et office de Ste Cécile, vierge et martyre, patronne
d'Acquigny, diocèse d'Evreux. — A Rouen, de l'Imprimerie
de Jacques Ferrand, rue Ganterie. M. DCC. LX. In 18, 40 pages.
(Bibl. de l'Evêché d'Evreux.)

12. — La Vie de sainte Clotilde, reine de France, avec
l'office à neuf leçons, avec les antiennes, hymnes, versets et
répons. — A Rouen, chez J. Fr. Béhourt, rue Ecuyère, 1752.
Pet. in 18, 56 pag. L'approbation est du 17 octobre 1751.
(Chan. Porée.)

13. — Vie et office de Ste Clotilde, reine de France et seconde
patronne de la ville d'Andely. (A Andely, de l'Imprimerie de

Saillot.) M. DCC. XC. Avec approbations. Ces approbations sont
du 11 et 13 mars 1784. In 12. A la messe, prose : « Non
antra sanctos rupibus. » (Chan. Porée.)

14. — Vie et office de Ste Clotilde (Réimpression). M. DCCCXII.
In 12.

15. — Vie de sainte Clotilde (Réimpression). — A Rouen,
chez Lecrêne-Labbey, imprimeur-libraire. Grande-Rue,
n° 160 (s. d.) In 12.

16. — Vie de Ste Clotilde (Réimpression). — Andelys, Imp.
Saillot aîné. (s. d.) In 12.

17. — Vie et office de sainte Clotilde, etc. — Andelys, chez
D. Lelièvre, place du Marché, 41. (s. d.) In 12. (Chan. Porée.)

18. — Livre à l'usage de la Confrérie du Très Saint Sacre-
ment, érigée en l'église de Saint-Ouen de Touberville-en-
Roumois, agrégée à l'archi-confrérie de Rome et approuvée
par Monseigneur l'Archevêque de Rouen. — Rouen, Machuel,
1772. Pet. in 18. (Bibl. de la ville de Pont-Audemer.) Les
statuts de la confrérie approuvés d'abord par M. de Harlay,
en 1669, furent modifiés dans la suite et approuvés à nouveau
par M. de Saulx-Tavannes, le 13 mai 1755.

19. — Office de sainte Marie-Madeleine d'Andely. (Prose à
la messe : « Agno sine maculâ ».) — Andelys, Imp. lib. de
Mme veuve Saillot. (s. d.) (Réimpression d'un office du
XVIIIe siècle.) (Chan. Porée.)

20. — Office de saint Mauxe, évêque de Riez et patron de
Vernon. — Vernon, Imprimerie de Le Sueur, rue Saint-
Jacques, 25. (s. d.) (Eglise de Notre-Dame de Vernon.)

21. — Office de saint Mauxe et saint Vénérand. — A Vernon, Le Sueur, libraire (1836). In 12. (Ed. Frère, *Manuel du
bibl. norm.*, II, 507.)

Catéchismes d'Evreux.

1. — Catéchisme imprimé par ordre de Monseigneur, Ill.
et Révérend. Jacques Potier de Novion, évesque d'Evreux,
pour être enseigné dans son Diocèse. — A Evreux, chez la
Vve de F. P. de la Londe, Imprimeur de l'Evêché et du Collège. 1708. In 12. (Abbé Drouin, à Aubevoye.)

2. — Catéchisme imprimé par ordre de Monseigneur, Ill.
et Révérend. Jacques Potier de Novion, etc. Corrigé par
Mgr Jean Le Normant, évêque d'Evreux. — Evreux, Jean
Malassis, 1719. In 12. (Ed. Frère, *Manuel du bibl. norm.*,
I, 196.)

3. — Abrégé du catéchisme imprimé par ordre de Monseigneur l'Illustrissime et Révérendissime Jean Le Normant, évesque d'Evreux, pour être enseigné dans son diocèse. — A Evreux, chez Jean Malassis, Imprimeur de Monseigneur et du Collège, 1732. In 18. (Abbé Drouin.)

4. — Abrégé du catéchisme, etc. (Nouvelle édition). — A Evreux, chez Jean Malassis, Imprimeur du Roy, de Monseigneur l'Illustrissime et Révérendissime Evêque, de la Ville et du Collège, et Libraire, 1747. In 18. — La permission de M. Le Normant est du 15 septembre 1731. (Chan. Porée.)

5. — Instructions en forme de Catéchisme pour le Jubilé de l'année sainte publiées par ordre de Monseigneur l'Evêque d'Evreux. — A Evreux, chez la veuve Malassis, imprimeur du Roi et de Monseigneur l'Evêque. M. DCC. LXXVI. In 16. — La première moitié contient une sorte de catéchisme par demandes et réponses; la seconde comprend des prières pour le Jubilé, traits, antiennes, versets et oraisons pour les processions et stations, les invocations des saints à faire en chacune des quatre églises visitées. Pag. 36. « Antiennes des saints pour les églises de la ville d'Evreux qui sont désignées pour station du Jubilé : .....« Dans la cathédrale » .....« Dans l'église de l'hopital du Saint-Esprit » .....« Dans l'église de la chambre des malades » .....« Dans la quatrième église. » Pag. 39. « Prière en l'honneur de saint Taurin. » (Abbé Blanquart.)

6. — Instructions chrétiennes suivant l'ordre du catéchisme d'Evreux. — A Evreux, chez J. J. L. Ancelle, libraire. M. DCCC. In 12. (Chan. Porée.) Ce catéchisme fut publié par Charles-Robert Lamy, évêque constitutionnel de l'Eure; néanmoins, la doctrine relative à l'Eglise est orthodoxe.

7. — Catéchisme à l'usage de toutes les églises catholiques de l'Empire français. — A Evreux, chez Ancelle, 1813. Avec permission de J. B. Bourlier, évêque d'Evreux, baron de l'Empire, membre de la Légion d'honneur. In 18. (Ch. Porée.)

8. — Catéchisme à l'usage du diocèse d'Evreux, imprimé par ordre de Mgr Charles-Louis de Salmon du Chatellier, évêque d'Evreux. — Evreux, Ancelle fils, imprimeur-libraire, rue aux Fèvres, n° 31, 1827. In 18. (Chan. Porée.)

Nous ne citons pas les éditions récentes du Catéchisme d'Evreux.

Pag. 7. n° 4. « Diurnale ad usum Ebroicensem », doit être reporté au paragraphe *Breviarium*, après le n° 22.

Pag. 8. Ajouter : n° 7 bis. — Missel pontifical de Raoul du Fou, exécuté à la fin du xv° siècle ou au commencement du xvi°. Bordures, initiales et vignettes peintes. (Bibliothèque du Grand Séminaire de Poitiers.) Voir X. Barbier de Montault, *Le Missel pontifical de Raoul du Fou.* Arcis-sur-Aube, 1886, in 8, 16 pages. Signalons encore, puisque l'occasion s'en présente. *Le grand Sceau de Raoul du Fou, 35° abbé de Saint-Thierry*, par le même. (s. d.) Reims, in 8, 11 pages.

Pag. 14. Ajouter : n° 34 bis. — « Antiphonarium Vernonense, juxta formam Ebroicensis Breviarii, 1696. Pars hiemalis et pars aestivalis, opere et cura Guilielmi Savary, Vernonensis canonici. » 2 vol. in 8. (Biblioth. cantonale de Notre-Dame de Vernon.) Ces deux manuscrits sont fort précieux, car ils nous donnent à la fois le texte et la notation de l'office canonial de l'Eglise d'Evreux avant la réforme de M. de Rochechouart. Il n'y a pas de calendrier ; les offices des saints en vénération particulière à Vernon ont des hymnes propres. Le 11 août, fête de saint Taurin, *Triplex.* 1res Vêpres, *Ad Magnificat* :

Ant. Festivas laudes devota mente canentes,
  Inclyta Taurini celebremus festa beati,
  Obtineat meritis qui gaudia celica nobis.

Toutes les antiennes et tous les répons de cet office, distribué selon le rit romain, ne sont autres que ceux de l'office en vers léonins que nous avons signalé d'après les mss. des Bibliothèques de Rouen et de Paris. Il nous paraît bien démontré que si en 1696, dans la collégiale de Vernon, et sans aucun doute dans tout le diocèse d'Evreux, on chantait encore l'antique office de saint Taurin, c'est qu'on l'y chantait dès la fin du xi° siècle, tel qu'il nous a été heureusement conservé en notation neumatique et guidonienne par les mss. provenant des abbayes de Jumièges et de Saint-Wandrille. Nous prions le lecteur de se reporter aux n°s 26, 27 et 33, pages 11-14 de ce Répertoire.

Pag. 15. Ajouter : n° 38 bis. — « Obituarium ecclesiae collegiatae Beatae Mariae de Vernone, Ebroicensis dioecesis, transcriptum è tabulis in choro pendentibus, anno 1721, antè postremam reductionem. » (12 pages.) Se trouve à la fin d'un

« Registre contenant l'Inventaire des tiltres de l'Eglise Royale et collégiale de Nostre-Dame de Vernon, fidèlement copié et transcrit de l'original en veslin, en dabte de 1434. A Vernon-sur-Seine, 1730. » Précédé et suivi de la copie de plusieurs anciennes chartes concernant la Collégiale. In 4°. Rel. veau fauve. (Biblioth. cantonale de Notre-Dame de Vernon.)

No 38ter. — Autre obituaire de la Collégiale de Vernon. « Le présent obituaire a été dressé et écrit par vénérable et discrette personne Me Charles de Mombynes, prestre curé et chanoine de l'Eglise royalle, collégiale et paroissiale de Notre Dame de Vernon, décédé le 10e septembre 1737, et a été remis au chapitre par Me Charles-Claude de Mombynes, avocat au Parlement de Paris. » In fol. Rel. veau fauve. (Bibliothèque cantonale de Notre-Dame de Vernon.)

No 38quater. — « Etat, obligations et droicts de messieurs les prestres vicaires et habituez de la paroisse de Notre-Dame de Vernon, au premier janvier 1732. » Coutumier ecclésiastique local très curieux. In 4° de 97 pages, couverture en parchemin. (Biblioth. cantonale de Notre-Dame de Vernon.)

Pag. 15. Ajouter : n° 41bis. — Coutumier de Hunaud. « In capitulo generali ecclesiae Ebroicensis quod fuit celebratum in octavis beatorum apostolorum Petri et Pauli anno Domini millesimo quingentesimo octavo, ordinatum fuit ut omnes dignitates, canonici praebendati, vicarii et capellani dictae ecclesiae traderent in scriptis declarationes fructuum, redituum et proventuum suorum beneficiorum, scilicet dignitatum, praebendarum, vicariarum et capellaniarum quae et quas obtinent in eadem ecclesia, venerabili viro magistro Joanni Hunaudi cantori et canonico dictae ecclesiae ut ipse cantor pro bono et utilitate dictorum beneficiorum redigat dictas declarationes in uno volumine seu libro. Quiquidem cantor ad laudem et gloriam omnipotentis Dei, etc. » A la fin : « Collationné à l'original dessus escript ce requérant noble et discrète personne Me Jean de Beaumesnil, pbre, chantre et chanoine en l'église cathédrale Notre-Dame d'Evreux, pour luy valoir à telle fin que de raison. L'original rendu après ladite collation faite par moy soubzsigné notaire apostolique au diocèse d'Evreux, deument immatriculé suivant l'édict du Roy, le xxj mars 1663. (Signé) Loquette. » — xviie siècle, Registre papier de 135 ff. pet. in fol., couverture en parchemin. (Arch. de l'Evêché d'Evreux. Fonds du Chapitre).

Pag. 17. Ajouter : n° 49bis. — « Antiphonarium cum psalterio et hymnis. » Incomplet du commencement, avec musique notée. On a ajouté à la fin l'office, aussi noté, de

saint Nicaise.—xiv⁰ siècle. Parch. 223 ff., 320 sur 230 millim.
Rel. parch. (Biblioth. de Rouen, 254; Prieuré de Bonne-
Nouvelle de Rouen, de l'Ordre du Bec.)

Pag. 21. n° 1, ligne 4. Nos notes prises un peu hâtivement
ne nous permettent pas d'affirmer — ce qu'il sera fort aisé de
vérifier sur le missel de 1497 — s'il s'agit réellement de la
Messe de saint Grégoire, où apparaît au dessus de l'autel un
Christ de pitié, ou bien de la gravure, souvent reproduite en
cet endroit, figurant un prêtre en chasuble qui présente un
enfant nu, sans sexe (symbole de son âme). C'est un symbole
des paroles de l'introït du 1ᵉʳ dimanche de l'Avent : *Ad te,
Domine, levavi animam meam.* (Voir *Revue de l'Art chrétien,*
année 1896, pag. 205-207.)

Pag. 23. La prose « Aula jocunditatis, alleluya », n'est
qu'une adaptation à saint Taurin de la célèbre prose de saint
Laurent « Stola jocunditatis, alleluia », (xiiᵉ siècle) que l'on
chantait à Rouen, à Bayeux, à Sens, à Châlons, à Langres, à
Tarentaise, à Liège, à Brême, à Hambourg. Au xiiiᵉ siècle,
une prose de saint Vincent, diacre et martyr, fut également
adaptée sur celle de saint Laurent; on la chantait à Bayeux, à
Hereford, à Salisbury. (Voir J. Kehrein, *Lateinische
Sequenzen des Mittelalters,* Mainz, 1873, n° 625; Ulysse
Chevalier, *Poésie liturgique traditionnelle de l'Eglise catho-
lique en Occident,* 1894, pag. 211; le même, *Ordinaire de
Bayeux,* pag. 201, 236 et 241; Misset et Weale, *Analecta
liturgica,* fasc. III, pag. 155 et 156, et fasc. vi, pag, 514.)

Pag. 35. Ajouter : n° 8ᵇⁱˢ. — Missae pro defunctis ad usum
Ecclesiae Ebroicensis. — Parisiis, Sumptibus Bibliopolarum
Usuum Ebroicensium, m. dcc. xl. Cum Privilegio Regis. —
In 4°, rel. veau brun. (Eglise de Conches.)

Pag. 35, n° 10, note 1. Lire : « cum officiis Ecclesiae », au
lieu de : « commissis ».

Pag. 37. Ajouter : n° 19ᵇⁱˢ. — Breviarium ad usum laïcorum
novo ordine dispositum.

Absque loco et anno (circa 1780). 2 tomes en un fort vol.
in 12, maroquin rouge, fil. doublé de moire bleue, fl. de lys
sur le dos, tr. dorée. (Reliure ancienne); volume très rare.
« Ce bréviaire a été imprimé, croit-on, par les soins du duc
de Penthièvre, dans son château. On en connaît peu d'exem-
plaires. Il ne paraît pas qu'il faille d'autre titre que celui qui
se voit ici. » (Note sur la garde du volume). — Catalogue
Claudin. — Cet ouvrage était l'œuvre de l'abbé Boscus,
vicaire général d'Evreux, chanoine et doyen de la collégiale
de Vernon. Il s'est trouvé par là même en rapports fréquents

avec le duc de Penthièvre, patron et collateur du chapitre collégial de Vernon. Le prince, depuis 1778. avait le titre de premier chanoine de cette église. A chaque fête solennelle sa stalle garnie d'un tapis à ses armoiries, était occupée par son aumusse. Est-ce à l'occasion de ce canonicat honorifique que le « Breviarium laïcorum » a été composé? Ceci expliquerait l'impression qui en aurait été faite au château de Bizy. (Note communiquée par M. l'abbé Blanquart, curé de la Saussaye.) — En 1679, Colbert avait fait imprimer par Muguet, pour son usage particulier, un Bréviaire de format in 8, qui se rapprochait sur plus d'un point du Bréviaire romain arrangé au xvi⁰ siècle par le cardinal Quignonez. Sur le Bréviaire de Colbert, voir deux articles de M. Léopold Delisle dans la *Bibliothèque de l'Ecole des Chartes*, tom. XLIII. pag. 146, et tom. XLIV, pag. 263.

Pag. 41. Ajouter : n⁰ 38bis. — Recueil des hymnes à l'usage du diocèse d'Evreux, notées en entier pour la plus grande commodité des chantres. Imprimé par l'ordre de Monseigneur Charles-Louis de Salmon du Châtellier, Evêque d'Evreux. — Dijon, Douillier, imprimeur, libraire et fondeur, 1834. In 8, dem. rel. basane. (Eglise de Bazoques.)

Pag. 44. Ajouter : n⁰ 55bis. — Offices propres à l'usage du prieuré de Saint-Lô de Bourg-Achard. Incomplet des premiers feuillets. Tous ces offices, texte et notation, sont exécutés au pochoir. — Pag. 1-36, « In festo Conversionis sancti Augustini. » — Pag. 37-93, « Die xxviii Augusti. In festo sancti Augustini Episcopi. Solemne. » A la messe, prose : « Quam dulci nos servator et supreme dominator. » 24 strophes. — Pag. 93-130, « In festo omnium Canonicorum Regularium, et Octavâ sancti Augustini. Triplex II. Classis. » — Pag. 131-134, « In festo sancti Augustini Episcopi. Ad completorium. » — Pag. 135-187, « In festo sancti Laudi hujus ecclesiae Patroni. Solemne. » A la messe, prose : « Laudentur cunctis saeculis honore digni gemino. » 12 strophes. — xvii⁰ siècle, papier, in fol.; enluminures. Rel. cuir brun. (Eglise de Bourg-Achard.)

Pag. 46. Ajouter : n⁰ 3bis. — Officium sancti Vigoris. Aux 1ʳᵉˢ vêpres, hymne : « Pastoris memorem rite diem juga Bajocana sonant, etc. » A matines, hymne : « Impiger morum fideique vindex, etc. » A laudes : « Pio rependitur viro, etc. » A la messe, prose : « Praestantem virtutibus, Hymnis atque cantibus, Laudemus Vigorium. » (18 strophes). In fol. pap., imprimé au pochoir, xviii⁰ siècle. (Eglise de Pont-de-l'Arche).

Pag. 47. Ajouter : n⁰ 10bis. « Statuts du Sacré Cœur ou

Réglemens de l'Association du Sacré Cœur de Jésus, approu-
vés par Mgr l'Illustrissime et Révérendissime Evêque
d'Evreux, faits et imprimés par les soins de M. le Curé de
Nonancourt et de Sainte Marie Madeleine son annexe. — A
Chartres, de l'Imprimerie de Fr. Le Tellier, et se vend à
Dreux chez Fr. Labalte, libraire, m. dcc. lxxiii. » — In 18.
(Abbé Fleury, curé lu Planquay.)

Pag. 48. Ajouter : n° 22. — L'Office des saints Gervais et
Protais, martyrs, patrons de la ville de Gisors. — A Rouen,
chez P. Seyer et Behourt, m. dccc. iii. In 18, 20 p.

Pag 48. Ajouter : n° 23. — L'Office des Saints Gervais et
Protais, martyrs, patrons de Gisors. — A Gisors, chez Thi-
boust, libraire, 1833. In 18, 21 p. (M. Louis Régnier, à
Evreux.)

TABLE